「学びの縁」による
コミュニティの創造

市民による市民のための
生涯教育システムづくり

三浦清一郎 著

まえがき――「むなかた市民学習ネットワーク事業」の革新性

30数年続いてきた「むなかた市民学習ネットワーク事業」には、6つの革新性があります。換言すれば、それらの革新性のゆえに現在も発展し続けているということです。この30数年、優に100を超える自治体から視察・見学がありましたが、宗像モデルが実現したのは、筆者が知る限り、宮崎県都城市、福岡県飯塚市など数事例に過ぎません。

6つの条件は、革新性と言っても、今の時代、特別新しいことではありません。特別新しくはない条件をクリアできないということは、社会教育行政が意欲を失い、地域教育を巡る環境が著しく貧困化しているということなのでしょう。逆に、30数年も前の宗像町の行政判断は極めて意欲的で、優れていたということです。

革新性の第1は、市民が蓄積してきた職業経験や人生経験を、潜在的教育資源であると認識し、「教育権」の自由を旗印に、その発掘・活用に成功したということです。

第2は、ボランティア「ただ論」に挑戦して、市民ボランティアを、決して、「ただ」で使い捨てにしなかったことです。もちろん、ボランティアの貢献に対する評価・広報も継続的に実施し、「社会的承認」の「場」を創り続けました。

具体的には、市政便りの中での「学級紹介」・「学習成果の発表会」・「継続指導表彰」などが工夫されました。この事業が30年以上も続いている最大の理由は、「費用弁償制」とボランティア活動の「社会的承認」にあると言って過言ではありません。

一時期、行政が旗を振って、全国的に流行した人材バンク事業は、ボランティアの「無償性」と「任意性」の原則にとらわれ、市民の善意や貢献に十分な「社会的承認」を与えず、「ただ」で使い捨てにしました。結果的に、大部分のシステムは機能しないままに消滅または休眠したのです。

第3は、運営を、行政から切り離して、市民の自律的な判断に任せ、中央や地方行政の恣意的な政策変更に振り回されなかったことです。

市の行政が、市民教授システムと競合する民間のカルチャーセンターを招聘・導入した時も、教育長が屋上屋を架す形で学校ボランティアを別個に創設し、「学社連携」の芽を摘んだ時も、当時の赤岩喜代子運営委員長はじっと我慢をして、市民間の相互教育に努力を傾注しました。そうした努力が実って、システムの有効性はこの30数年、右肩上がりの発展・継続を遂げたのです（p126平成25年度までの事業推移参照）。

第4は、生涯学習の「受益者負担」の原則を守り通したことです。財政難が到来して、今や、行政主導の学級・講座の多くは、削減や廃止に追い込まれました。中央行政が、「社会教育」を捨てて、「生涯学習」に舵を切って以来、住民の「学習」は、趣味・おけいごとのサークル活動に傾きました。人間の特性である「快楽原則（フロイド）」を甘くみたからです。趣味・お稽古事は、自己利益の追求です。当然、楽しみごとは、「身銭を切ってやれ」という論理は税制の常識です。その結果、政治は、税制の常識に則り、学校外での教育活動への公金の投入を抑制しました。社会教育予算・人員の削減は必至の帰結だったのです。

他方、生涯学習政策によって、市民の恣意的な「学習」を過大評価した文科省の判断は、個人や地域に必要な教育プログラムまで一気に衰退させました。今や教育行政は、プランナーであった「社会教育主事」を切り捨て、公民館を貸し館にして、地域における教育必要の診断・処方の機能すら希薄です。今、教育行政には学校教育だけが残り、地域の少年教育も高齢者教育も瀕死の状況です。

第5は、学級の自主運営方式です。自主運営とは、市民主導という意味ですから、行政の負担を著しく軽減しました。「市民学習ネットワーク」方式は、案内チラシの作成から会場作りまで、ほとんどすべてを自分たちでやります。

行政主導のプログラムに要する常勤または非常勤職員の給与と時間の累積がどのくらい膨大であるかを考えれば、自主運営方式が「費用対効果」を高めた功績は明らかです。また、ボランティア指導者に、交通費以外の謝金は払わないので、これもまた通常の学級・講座に比べてどれほど経費を節減しているか明らかでしょう。

第6は、この事業が創り出した「知の循環」です。自主運営方式は市民の自律的学習の意欲や姿勢を向上させ、同時に、市民の学習の「自由度」を高めました。「学習者」の中から次々と「指導者」が生まれる「循環」ができました。

近年、国の答申等では生涯学習の学習成果を生かす「知の循環型社会」を唱導しています。「市民学習ネットワーク事業」こそ、市民が蓄積してきた人生の教育資源を循環させ、併せて市民相互の交流を促進したのです。現状は、高齢社会の真っただ中にありながら、元気な高齢者の地域活動の舞台は、例外的にしか設定されていません。「無縁社会」などと呼ばれて、地域社会の教育・交流の機能が衰退したにもかかわらず、国も地方も、行政は教育上の診断と処方を放棄しているに等しいのです。教育ＮＰＯや教育ボランティア団体の活動を促進する国や地方行政の対応も全く不十分です。

地域コミュニティを活性化するためには、生活の原点である第1次生活圏における教育と交流が不可欠です。そのためには、社会教育に使うことを義務づけた一括財源を国から地方に配分することです。社会教育の機能が復活すれば、健康寿命を延ばし、高齢者の地域貢献が活性化し、少年教育が息を吹き返し、地域の再生を促すことができます。初めは、試行錯誤が続くでしょうが、やがて地方の教育行政も社会教育機関も地域ごとの課題対応能力を蓄積していくはずです。地方が工夫し、地方に生涯教育の理念と実践が蓄積されていくことで、地域住民が教え合うという地方の教育力が高まっていくと考えます。宗像市の「市民学習ネットワーク事業」は、一つの有効なモデルを提示しているのです。

目次

目次

Ⅱ 「むなかた市民学習ネットワーク事業」資料編 94

Ⅰ 「市民による市民のための生涯教育システム」とは何か

1 「学習交換」の思想

ほぼ40年前、アメリカのワシントンDCで行なわれた全米成人教育学会の時でした。華やかな学会会場のホテルでは、欧米の研究者が仲間うちの再会を喜び、談笑の花が咲いていました。しかし、たった一人の日本人のことなど誰も相手にしてくれません。レセプションでも発表会場でも、肩ひじ張っていただけで、内心は泣きたいほど孤独でした。

私は会場移動の下りのエスカレーターに乗っていました。ビル・ドゥレイヴスは上りのエスカレーターで上がってきました。彼はすれ違う時に、髭ずらの笑顔で、「日本からですか」と叫んだのです。「シラキューズからです」と叫び返しました。エスカレーターを降りて振り返ったら、ビルが下りに乗り換えるのが見えました。参加者名簿で私の出席を知って、日本人と話がしたかった、と言っていました。ロビーで100年の知己のように話が弾みました。彼は筆者より若かったですが、すでに大著・『自由大学：Free University』の著書がありました。

彼の話は、この変化の時代、既存の学校や大学の開放だけでは成人教育が間に合わないということで、日本の社会教育にも大いに関係のある話でした。日本では未だ「大学の開放」など口にする人も稀な時代のことです。

分厚い自著を見せてくれて、彼はひたすら熱っぽく語りました。「人生を経験した大人は、誰もが何か教えるものを持っているはずだ」。「この世の学習は誰が学んでもいいのだ、誰が教えてもいいのだ」。「もともと教育はそんな風に始まったのだ」、ということでした。私は初めて「学習交換」と「学習契約」という概念を知りました。「知っている人」が「知りたい人」に教えればいいではないか。問題は、成人教育の分野に両者を仲介する「交換の仕組みと約束事」ができていないことです。自分はその仕組みをアメリカ中に張り巡らししたい、とビルは熱く語りました。「学習交換」は、人びとの知識・技術・経験の交換だから、予算はかからない。お互いの合意を形成し、契約する仕組みさえあればいい、と言うのです。「その通りです」と思わず私は叫んだのです。

当時のアメリカ人は学習を2つに分けて考えていました。「自学自習」(Independent Learning)と「教わる学習」(Dependent Learning)です。自分と他人の間の中間がありません。個人主義の国らしい考え方です。日本人は「お互い様」の文化の中で暮らしています。「お互い様」の文化では、「自分」と「他人」との間をすっぱりとは切れません。持ちつ持たれつの関係が両者を繋ぐ糸です。

支えたり、支えられたり、教えたり、教えられたり、相互学習は日本の文化に合っていると考えました。英語で言うと「Interdependent Learning」となります。

アメリカから帰国した私は、宗像町の新任の竹村功社会教育係長に協力を求めました。市民が市民に教えるという発想は、当時としては、誠に「突飛な発想」

でした。それゆえ、彼はしばらく唸っていましたが、私に賭けると言って話に乗ってくれました。竹村係長は、田舎には稀な進取の気性に富んだ、抜群の事務能力を持つ人でした。部下を束ねる力にもすぐれ、役場の中で彼が歴任したいくつかの部署の若手が彼を慕って周りに集まっていました。彼らはやがてひとり残らず宗像市の幹部となり、後日、陰に陽にこの事業を支えてくれました。

こうして新規事業企画の研究会は、「竹村ネットワーク」とも呼ぶべき役場の若手職員群と私が組織した福岡教育大学社会教育研究室の読書会メンバーの共同討議の形で具体案の作成を進めました。中央公民館の一室を借りて幾晩も遅くまで討議を続けました。

「市民学習ネットワーク」事業は、市民相互の「学習交換」の仕組みです。「学習交換」とは「できる人」が「必要な人」に教えるということが前提です。「お互い様学習」と呼んでもいいでしょう。イヴァン・イリッチの「脱学校の社会」の思想を踏襲しており、ワシントンの学会で出会ったビル・ドゥレイヴスの言う「誰が教えてもいいのだ、誰が学んでもいいのだ」（＊）という自由大学の発想を継承しています。

こうして福岡県宗像町に、アメリカで芽生えた「学習交換」の種子が移植されることになりました。

（＊）William Draves, Free University, AP Follett, Chicago, １９８０ p.15

２　市民による市民のための生涯教育システム——市民主導の相互教授システム

市民が市民のために働くということだけであれば、あらゆるボランティア活動も、人材活用事業もその趣旨・思想に該当します。しかし、市民が相互に市民の学習を支え合うということになると、圧倒的に行政主導型で進んできた日本の社会教育では極めて稀な事例になります。まして、行政の手を離れて活動が自立している事例は皆無に近いのが実情です。後の飯塚市の「熟年者マナビ塾」、福岡県旧豊津町の「豊津寺子屋」、山口県山口市の学童保育「井関元気塾」などはその一例ですが、それでも完全に行政の支援や管理を離れているわけではありません。「市民学習ネットワーク事業」に比べれば、規模も小規模です。

今や、この事業は、市民同士が支え合い、年間７万人に近い人びとが学ぶ大規模事業となりました。ボランティア組織は、税務上、「みなし法人」と認定され、市民が払う受講料収入が各種経費を上まわった分については、課税対象となり、税金まで収めるようになっています。（税務署が社会教育の意義を理解できないのはまだしも、ボランティアの活動まで課税の対象にするとは、市民活動の芽を摘むあくどい仕組みだと思うのですが……現状はそうなっています。）

近年ようやく活況を帯びてきたＮＰＯの諸活動にしても、自立という点では、財源に行き詰まり、活動が孤立して法人が解消になったものも少なくありません。あらゆることが行政を中心に動いてきた「お上の風土」では、行政が支援しない教育システムは、なかなか機能しないのです。子ども会、ＰＴＡ、地域婦人会など社会教育関係団体の現状を見れば分かることです。市民による教育・

学習活動の自律的な運営は一筋縄ではいかないのです。

地方の財政が逼迫してきた現在、真に自立した「市民による市民のための生涯教育システム」の意義はますます大きくなりました。33年の長きにわたって持続し、今や、ほぼ完全に行政から独立して回転している「むなかた市民学習ネットワーク」事業は、結果的に、生涯教育の民主化を実現し、市民主導の生涯教育システムの原形となりました。

3　原始の教育

制度化された教育システムが誕生する以前は、「知っている人」が「知らない人」に教え、「できる人」が「できない人」を訓練しました。教育も学習も現場の必要に迫られて実施されたのです。それゆえ、市民相互教授システムは原始の教育――学習方法です。

必要に応じて必要なことを自由に学ぶことは、教育が専門職業として成立するまで、当然の現象であり、「教授」と「学習」は「交換」であり、コミュニティにおける成員相互の教授システムと呼ぶべきものだったでしょう。「学習交換」思想の核心は、学習権の自由であり、教育権の自由です。それはアメリカの自由大学運動の中心理念でした。「誰が何を教えてもいい、誰が何を学んでもいい」とは、教育制度の硬直化に異議を唱えて、当時のカリフォルニア大学バークレイ校の学生たちが始めた自由大学運動の旗印でした。

日本では東大助手の宇井純が大学のカリキュラムとはまったく別個に、自主講座（＊）を開設しました。自主講座は、多くの人を引きつけた教育運動に繋がり、「水俣病」の深刻さを教えることになりました。教育権・学習権の自由の主張は、大学改革運動の一環であり、日米の運動の展開時期もほぼ近接していました。余談ながら、宇井先生は、当時の教育システムに反乱を起こしたことになり、その結果だと思われますが、21年間の長きにわたって助手に留め置かれたという話も有名です。

学校が存在せず、教育が制度化されていなかった時代、人びとはそれぞれの技術を自由に「交換」していました。自由大学運動が、形骸化・セクト化した大学制度を批判し、その批判の具体化として「学習交換」事業を発展させたことには歴史の必然性があるのです。現代の用語で言えば、教育資格、カリキュラムの構成、学習方法などの改善をめざした、教育制度の「規制緩和」というところだったでしょう。

過去数十年の経済発展に伴い、民間における「受益者負担」・「会費制」の学習システムは一気に拡大しました。この動きは、大学改革運動と並行して進行しました。学習権の自由という発想は、既存の教育制度にだけ認められた教育サービスの独占を崩壊させたのです。

学校教育外の教育サービスは、「商品化」され、カルチャーセンターに代表されるように、市民の学習要求に対応した多彩な教育プログラムが登場しました。今では、学校教育の中身も「塾」の隆盛によって、「商品化」されました。公立小・中学校の教育でさえ、民間の「塾」の機能抜きには考えられなくなってきています。

教育プログラムの切り売りは、教育権・学習権の自由の象徴です。換言すれば、資本主義社会における教育サービス業の究極の形なのです。大学が開放され始めた現在、多くのアカデミックな開放講座も、市民需要に応じてカルチャーセンター化するのも当然なのです。

また、愛知県の扶桑町では、義務教育学校の市民聴講制度も始まり、高齢者が小・中学校の授業を聴講できるようになりました。市民の聴講が広く普及すれば、少年と高齢者を結び、「幼老共生」が可能になります。少年の勉学姿勢を正し、高齢者の健康寿命に貢献することは明らかであり、予算の要らない学社連携事業になり得るのです。扶桑町の事業の主旨に注目した福岡県の那珂川町、古賀市、筑後市など複数の自治体に波及しましたが、現状は尻つぼみになって、筆者が調べた限りでは、学校教育行政の頑迷さが普及を阻んでいます。普及の力も行政、普及を阻むのも行政というのが日本国の状況のようです。

以上のように、形はさまざまですが、脱学校の運動は、原始の学習の原則に返れ、という運動であり、教育の規制緩和であり、同時に、「お上」から民間が自立する運動に繋がっていったのです。
背景となった理念は、生涯教育の自由です。市民の必要に応じて、「誰が教えてもいい、誰が学んでもいい」ということになります。それゆえ、アメリカの「自由大学」運動のスローガンと重なるのです。

（＊）宇井純の自主講座―水俣病を告発し、公開自主講座「公害原論」を15年にわたって続け、公害問題に関する住民運動などに強い影響を与えた。

4　学習者の変質

「学習交換」を重視するようになった背景は、アメリカも日本も、同じだったと思います。市民による市民のための生涯教育システムの誕生は「学習者の変質」がもたらした結果です。「生涯教育」が理想とする具体的な形は、市民が教育と学習両方の主役になる時代を意味しています。市民が学習者であると同時に教育の主役になるということは、教育成果の蓄積の結果です。市民は、もはや「鑑賞者」や「見物人」に留まらず、自らが「プレイヤー」となり、「制作者」となり、「教授者」となったのです。生涯学習センターや公民館で行なわれる「生涯学習フェスティバル」や「文化祭」には素晴らしい焼き物、書画、彫刻、刺繍、木工、演劇、コーラス、舞踊などが勢揃いして壮観です。

原始の学習形態は「教育者」と「学習者」、「指導者」と「被指導者」が明確に分離していませんでした。当然、教育も専門職業として分化してはいませんでした。「できるもの」が「必要なもの」に教えていたはずです。したがって、教育も指導も、必要に応じ、「いつでも、どこでも、誰でも、なんでも」の形で行なわれていたに相違ありません。

5　教育システムの制度疲労
――教育と学習の分業は、市民を「学習者」、「鑑賞者」、「見物人」の枠の中に閉じ込め続けてきた

「市民学習ネットワーク」の企画が発足した33年前の状況は、教育のセクト化がピークに達し、専門教育の制度疲労が始まっていました。分業を効率化した結果、教育・指導の分化が進み、専門は縄張りとなり、教育システムは教育セクトになりました。その結果、教育者や学校を特権化し、教育行政は元より、教育者、学校の同意がなければ、市民に対する教育は行なえないというところまで制度の形骸化が進んでいたのです。学校教育も社会教育も、圧倒的に「行政主導型」でした。「制度疲労」は、学校教育において著しかったのですが、社会教育の分野も似たような状況でした。「教える者」と「教えられる者」は、資格や免許制度によって分断され、一般市民はあくまでも「学習者」、「鑑賞者」、「見物人」の枠の中に閉じ込められていたのです。

職業や人生経験を通して一般市民が特定事項に通暁していたとしても、免許や資格など教育行政や学校など専門機関の「お墨付き」がない限り、他の市民を指導することは不可能でした。それこそが教育のセクト化がもたらした「縄張り」であり、既成の指導者を守る「特権」でした。当時は「教授する者」と「教授される者」を峻別する教育分業の時代でした。当然、当時の市民は教育の客体にすぎなかったのです。

それゆえ、「むなかた市民学習ネットワーク」事業は、結果的に、形骸化した当時の教育文化への挑戦を意味することになりました。発足に当たって、学校関係者や教育行政の積極的な賛同が得られなかったのはそのためだったと思われます。町行政の承認を得て、市民による相互教育のシステムが成立した後も、学校現場からの参加者は数人に留まりました。

この事業の突破口は、「生涯教育」思想の登場でした。昭和46年、当時の社会教育審議会は、「急激な社会構造の変化に対処する社会教育のあり方について」を答申し、時代は生涯教育を要請していると明言しました。時代の激変は続き、社会教育審議会答申から10年、昭和56年には、ついに中央教育審議会も「生涯教育について」を答申しました。ようやく学校教育も含めて、「生涯教育理念を日本の教育制度の柱とする」という方向が打ち出されたのです。翌、昭和57年には、日本生涯教育学会も発足し、市民相互教育事業の背景をなす社会的条件の機は熟したのです。

6　新旧住民の融和と学習交換

「むなかた市民学習ネットワーク事業」はアメリカの「自由大学運動（Free University Movement）」と「学習交換（Learning Exchange）」をモデルとして誕生しました。市民が市民に教授するシステムの事業化としては、恐らく、日本で初めての実験事業であったと思います。事業の基本は、得意分野を持つ市民が先生になり、その分野の学習を必要とする別の市民に教授する仕組みです。仕組みを機能させたのは、両者を仲介する事務局の存在です。学習者による若干の受講料の負担と指導者に対するわずかの交通費の費用弁償を組み合わせた独立採算のシステムを理想型としました。換言すれば、「市民による市民のための生涯教育」は、自立的かつ自律的な相互教授システムをめざしていました。

大元のアメリカでは、Ⅰ・イリッチの「脱学校化の社会」（＊）などが大いに論じられた時代でしたが、九州の小都市においては、「脱学校化」も「脱制度化」も言葉さえも知られてはいませんでした。

事実、当時の宗像町の大問題は、福岡市、北九州市という近隣大都市のベッドタウン化に伴って、流入した新住民と旧住民の融和でした。それゆえ、市民が相互に教え合うことによって、住民相互の対立を解消し、「学び」を「縁」とするコミュニケーションのステージを創造することになり得ると考えたのです。

市民の間で、学習の舞台を多面的に共有するという「学習交換」の発想は、交流を促進します。結果的に、「学縁」による交流を重視し、新旧住民の融和を優先することが政策上の出発点になりました。

（＊）イヴァン・イリッチ、東　洋他訳『脱学校化の社会』東京創元社 昭和63年

7　仲介機能（クリアリング・ハウス）の重要性

クリアリング・ハウスとは「手形交換所」という意味です。経済行為の仲介機能を意味します。教授者と学習者を繋ぐ「仲介」の発想は「学習交換」に不可欠でした。意欲・能力を持った人がいたとしても、それを学習者に結びつける舞台が存在しなければ、市民による市民のための生涯教育は起こらないからです。教育における「仲人」の発想と言ってもいいでしょう。

日本の教育行政には、「仲介機能」の発想が欠けていました。現在ですらも、社会教育の学習が進めば、意欲ある学習者は、自然発生的に生涯学習ボランティアに育っていくはずだという甘い幻想が前提になっています。教育成果が蓄積されていけば、学習成果の社会還元に繋がると楽観視しています。しかし、それは幻想にすぎません。

こうした幻想を元に、ボランティア養成講座が行なわれる限り、学習者を具体的な貢献活動に結びつけるアフターケアの機能は準備されていません。もちろん、公金を投入する以上、各種社会教育の学級・講座を終了した市民は、学習の成果を社会に生かすことが期待されています。それゆえ、学習支援のためのボランティアや講師等として活動するボランティア制度への登録も広く推奨されてきました。しかし、実際の活動舞台は滅多に準備されていません。もちろん、「費用弁償」もありません。「活動機会は自分で見つけなさい」という前提では、「控えめ」を強調する日本文化の活動者が動けるはずはありません。

また、「登録名簿があります」、というだけで、受動的な一般市民が活用する確率も極めて低かったのです。筆者が招かれた多くの「ボランティア養成講座」も、「養成」はするが、「繋ぎ」まではやらないという「やりっ放し」が常でした。昨今の学校支援ボランティアが機能しているのは、現に学校という明確な現場から要請があり、活動の中身も示されていて、市民と学校を繋ぐ仕組みが顕在化しているからです。

教授意欲のある市民が活躍できないという事情は、当時のアメリカでさえ同じでした。学習交換の組織化を発想したドゥレイヴスはそのことに気付き、活動の舞台を仲介する「LERN」（＊）を立ち上げたのです。

宗像町の事業も「仲介」を重視しました。仲介機能とは、「指導意欲のある人」と「学習したい人」を繋ぐ働きです。市民学習ネットワーク事業」の場合は、それが事務局の最重要任務になります。「仲介機能」こそがボランティア指導者活用の中核をなす条件です。単にボランティア講師を発掘し、登録制度を作るだけでは到底社会貢献のシステムは機能しないのです。

それゆえ、事業成功のカギは事務局機能にありました。この事業は、「ボランティア講師への費用弁償」を「受講者の学習料」で相殺することで、自律的な回転を保証します。しかし、仲介機能を果たす事務局職員の給料まで、「珈琲一杯分」の受講料で賄うことはできません。給与の補助金は行政に依存しなければなりませんでした。有り難いことに、当時の宗像町は職員の給料を補助することは簡単に了承してくれました。理由は、想定された抜群の「費用対効果」にありました。「仲介機能」が予想通りに働けば、町の行政としては、何十人もの市民講師が展開するプログラムを、公的資金（講師謝金）の投入なしで提供することができ、社会教育活動は、量的に、公民館を遥かに凌ぐ規模になるのです。

非常勤職員の給料を補助するだけで、事業の費用対効果はどんな公的教育事業にも優る、ということは当時の町幹部も十分に理解してくれました。

（＊）LERN―カンザス州マンハッタンに、ドゥレイヴス氏が設立したLearning Network Resourcesの略称、成人教育の分野で、全国の各種機関、団体、個人を対象に指導・援助・資料提供を行なった。

8　相互教育システムは「同じ釜の飯」

日本人の交流と親睦を創り出す原理はいつの時代も「同じ釜の飯」を食うことです。「生涯教育は学習の場と経験を共有させる」ことによって、「同じ釜の飯」と同等の機能を発揮します。相互教授の仕組みで「同じ釜の飯」を創るということは、「学びの縁」を創るということです。「学縁」の発想に当時の行政も納得し、賛同してくれました。緊急の課題は、新旧住民の対立の解消であり、教育理論上の理屈はどうあれ、「とにかくやってみよう」ということになったのです。

「同じ釜の飯」発想の理論的背景は、ベストセラーとなった「タテ社会の人間関係」（＊1）でした。日本人の交流は「経験を共有する時間の長さと密度」で決定される、という中根理論は、逆に、「経験を共有する場所と時間」を設定できれば、「交流」を創造することができると解釈しました。

かくして、市民学習ネットワーク事業は、「学習」と「交流」という「二兎を追う」ことになりました。工夫次第で、両者は同時達成が可能な目標となったのです。市民がお互いの「学習場面」と「学習時間」をできるだけ多様な形で共有するように仕組めば、結果として、多様な「交流」を創り出すことができると想定したのです。町行政の意見も生涯教育の推進と新旧住民の融合が同時に達成できれば、「なによりである」となりました。紆余曲折はあったのですが、最終的に、市民相互学習の実施へのゴーサインが出たのです。

市民学習ネットワーク事業の原案の作成は、当時の社会教育係長を中核とした宗像町の若手職員と福岡教育大学の社会教育研究室の学生諸君との共同作業になりました。大学としては、初めて理論研究の成果を実践に「翻訳」する機会を与えられ、「研究と実践の幸福な往復運動」が始まることになりました。

折しも、昭和57年、福岡県を舞台に、日本生涯教育学会と連動した「九州地区生涯教育実践研究交流会」（＊2）が発足しました。「市民学習ネットワーク事業」の企画は、第1回大会から第4回大会まで連続4年にわたって、実践企画案の発表：事業経緯の報告と分析を続けました（＊3～＊4）。

（＊1）中根千枝、タテ社会の人間関係、講談社現代新書、１９６７年

（＊2）現在は「中国・四国・九州地区生涯教育実践研究交流会」に発展し、大会は36年目を迎えている。

（＊3）竹村功、三浦清一郎、小都市における人材ボランティア活用事業の企画立案についての

方法論的考察、昭和57年、第1回大会
（＊4）末崎ふじみ、高野直哉、小都市における人材ボランティア活用事業の研究その1〜その3、昭和58年〜昭和61年、第2回大会〜第4回大会

9　5人集まれば「学級」成立

「市民学習ネットワーク」事業では、5人集まれば「学級」が成立するとしました。「意欲と能力さえあれば、資格や教育免許の有無を問わない」とし、「素人の先生」でも、学級が成り立つという「自由大学理念」を最優先にしました。

当時の行政主導の公民館補助事業の基準学級の条件が、受講者50人／20時間以上というような規定であったことを考えれば、「5人揃えば学級成立」という最低基準定数は破格の条件でした。

後日の説明の段階で、後追いの理屈は次のようなものでした。「人数が少ないほど市民の交流の密度が濃くなる」。「受講生が少なければ、自宅でも活動は

可能になり、場所の選択が容易になる」。「市民指導者の指導上のストレスや同格の市民に対する抵抗感も少なくて済む」等々でした。

しかし、基準設定の最大の動機は、素人の先生を囲んで、10人を超えるような学級編成を義務づければ、学級そのものが成立しないのではないかという心配でした。

当時は、教授も指導も分業化されていた時代であり、教育の素人が専門家の領域を「侵して」、同等のことができるとは、誰も想定しなかった時代でした。「素人で大丈夫か」、というのは当時の町長さんが発した最初にして、最大の疑問でした。

行政に対する説明の根拠としては、当時、世界の最先端といわれていたスウェーデンの生涯教育の振興に関する法律が5人を最少の学級人数として講師の派遣をすると謳っていることでした。

しかし、時代は研究者の予想を超えたスピードで動いていました。市民による「生涯学習革命」が始まっていたのです。これまでの「鑑賞者」は、「創造者」

となり、市民は自ら絵筆を握り、文を書き、舞台で演じるようになったのです。

また「見物人」は、自ら「プレイヤー」となり、生涯スポーツは爆発的に普及しました。「スポーツ担当社会教育主事」というような職名も発明されました。「素人の先生」が主催する多くの領域で「市民学習ネットワーク」事業の参加者は予想を遥かに上回り、結果はうれしい誤算でした。

10　非制度的（ノンフォーマル）教育システムへの不信
――「素人の先生」で大丈夫か

市民学習ネットワーク事業には6本の「柱」があります。「有志指導者」、「学習者」、「運営委員会」、「認定講習会」、「有志指導者連絡会議」、「コミュニティ学習新聞」の6つです。

主役はもちろん「有志指導者」と「学習者」です。

指導者は「費用弁償」だけで納得し、学習者は「受益者負担」を了承しました。

「市民による市民のための生涯教育」という時の教授者とは「有志指導者」であり、「ボランティア」で「相互学習」に同意し「地域貢献」を志す「有志」です。日本文化に定着していない「ボランティア」概念を「有志」と翻訳しました。

問題は事業の舵取りです。町の行政が一番心配したのも、「素人の先生」で大丈夫か、ということでした。相互教授システムの「自立」をいうが、「素人」の集団に任せて、管理・監督はできるのか」、「行政が責任を問われるようなことはないのか」、と何度も話題になりました。

11 2度の挫折

事業企画ができ上がり、町の最終承認を求める段階で2回頓挫して、空中分解寸前までいきました。最大の理由は、第1に、既存制度への過信、第2に、決まった形式を持たない非制度的（ノンフォーマル）システムへの不信ということだったと思われます。

当然、提案者の筆者も、事業の趣旨と意義を説明する機会を与えられました。町長も、教育長も、筆者の熱意は褒めてくれましたが、「市民相互教育」の革命的な意味を理解しているとは思えませんでした。

「できる人」が「必要な人」に教えるのであって、「指導者の資格は問いません」。「5人集まればいつでも始めます」。「学期制はとりません」。「少人数ですから、必ず学級は成立します」。「人数が少ないから、場所はどこでもいいのです」。「教育効果の評価は、成熟した市民自身が判断します」。「学級が5人を割ったら、閉級にします」。「宗像町は流入人口の多い町です。国勢調査の結果、専門職業人の比率も高いのです」。「この事業は相互学習を通して新旧住民の交流を深めることができるのです」。「誰もが教えることができ、誰もが自由に学ぶことを選択できるのは、究極の生涯教育システムであり、町が日本の最先端をいくことになります」。「ボランティアによる自給自足の学習システムなので、事務局を担当する非常勤職員の給与以外の予算は不要です」。「ゆえに、費用対効果は抜群です」。「市民講師は自薦を認めず、他薦で選びます。その過程こそが市民による指導者の評価になります」。「日本人は支えたり、支えられたり、お互い様の文化で生きているのです」などと懸命に説きました。

しかし、当時の行政は「市民」を信用していませんでした。「お上」は未だ「市民」より「偉い」時代でした。「何の資格も持たない人が教えるというのは危険ではないのか」、「他薦の信憑性を誰が検証するのか」、「素人に任せて運営ができるのか」、「問題が起きて役場が責められるのはたまらん」、「一体誰がどうやってボランティアを発掘するのかね」、等々が幹部の感想でした。協力してくれた係長を除けば教育委員会事務局内部にも積極的な賛同者はいませんでした。

実施要項が固まった段階で、九州大学の大学院生であった末崎ふじみさんとはるばる金沢大学まで出かけ、発足2年目の「日本生涯教育学会」で共同発表をしました。しかし、膨大な資料を準備したわれわれの熱い思い入れに反して、研究者の反応は今一つでした。質問も問い合わせもまばらでわれわれを心底がっかりさせました。研究者もまた「市民主導の教育システム」が可能であるとは思っていないようでした。まだ、そういう時代だったのです。

当時の日本では、学校教育のような形式的・制度的に整った「フォーマル教育」が圧倒的な支配力を持っていました。学校教育と社会教育は「車の両輪である」という「タテマエ」はありましたが、教育委員会の力点は、「学校教育」におかれていました。学校以外で行なわれる社会教育も圧倒的に「行政主導型」の事業であり、「官」が選んだ有資格の指導者が「民」を教育していた時代でした。市民による市民のための柔軟で、自由な形態の「ノンフォーマル教育」の概念が理解されるにはまだ10年以上早かったのです。

12 突破口は「トンネル方式」でした

企画案が2度目に頓挫して、諦めかけていた頃、事業は宗像町文化協会が主催する事業として町から正式に採択されました。手品のようでした。事務局給与の補助金は文化協会というトンネルを通して「市民学習ネットワーク事業」

の「運営委員会」へ流れるような仕組みになっていました。苦労を共にした係長の行政手腕の賜物でした。文化協会は、おそらく「緩衝」組織として想定され、何かまずいことが起こった場合でも、町当局が直接責任を問われないシステムにして町長さん以下幹部の心配をクリアしたものと思われます。

突破口は、文化協会に連なる第3者を主体とする「市民学習ネットワーク事業運営委員会」を設置したことでした。初代委員長は、お寺のご住職でした。この「委員会」は、市民が主導する相互教育システムが、当初の目的を逸脱しないよう日々の運営を監督する機関です。委員会の任務は、主として、「有志指導者の認定講習」の実施、自主財源の管理・運営、広報＝「コミュニティ学習新聞」の発行などです。

新設の「ネットワーク事務局」はもとより、有志指導者や学習者が、この事業の運営に習熟するには、相当の時間がかかると予想したからでしょう。文化協会の母体であった社会教育振興協議会は行政の補助金と管理支援で成り立っていた組織であり、本事業がその「下請け」に入るということは、行政の間接管理下に置かれるということを意味していました。当時の行政としては、直接統治をしなくて済み、かつまた、間接統治下に置くことで直接責任を負わないシステムを創るということで納得したということでしょう。

お金も、管理・運営の後ろ盾も、まだまだ行政に依存しなければならない時代でした。現在では、自主・自律の運営が軌道に乗り、運営委員会の構成は「有識者」と「有志指導者」・「学習者」の代表で構成するようになっています（＊）。運営委員長は7代目に入りました。

（＊）資料編の「運営委員会規約」を参照してください。

13　市民相互教育システムの構造

出発当初の事業構造と学習までのプロセスを図示するとほぼ次ページのようになります。

運営委員会

（事業方針の決定、指導者の発掘、研修の実施、日常活動の管理監督）

↓

有志指導者認定講習会

（認定・研修・登録）

↓

コミュニティ学習新聞（事務局）

（広報：有志指導者の紹介、募集と報告）

↓

学級編成（事務局）

「公募学級」（広報誌上で募集）と 「自主学級」

（市民が自主的に学習グループを結成）

↓

有志指導者

（開級条件の決定）

↓

学習者

（登録・受講料の口座振り込み）

↓

自主運営による「学習開始」

↓

発表会

（年1回の学習成果の発表）

14 なぜ「他薦」なのか――有志指導者の発掘

筆者は社会教育の現場体験を通じて、日本社会では、民主主義よりも、謙譲の美徳を優先する文化の方が遥かに影響力は大きいと実感していました。具体的に言えば、文化的な訓練が行き届いた人は、自制して「自己主張」も「自己表現」も控えるということです。言い換えれば、民主主義をタテマエに、「はいはい」と手を挙げる人に依存するのは「あぶない」ということです。社会教育のあらゆる場面で、声の大きい「しゃしゃり出る人」が「有言不実行」で、組織や会議をかき回す場面を何度も見てきました。

日本文化において、「約束を守る人」、「協力してくれる人」、「他者の意見を尊重する人」など事業の実施に当たって大事な人びとは、「しゃしゃり出ない」のです。

アメリカ文化を実体験して以来、日本の民主主義における最大の欠陥は、「自己主張の強い日本人」の「言行不一致」です。彼らは、民主主義を盾にして、声が大きく、至る所で、控えめの優れた日本人を抑圧していました。現状も大して変わってはいないでしょう！

アメリカ人は、直接表現の文化で生きています。「積極性」も「自己主張」もアメリカ文化では「善」です。直接表現とは、積極的意思表示を重んじ、「言ったこと」と「意味したこと」が一致するということが原則です。

これに対して、日本人は、間接表現の文化に生きています。間接表現とは、積極的表現や自己主張を嫌って抑制します。直接表現は慎みがなく、品がないと評価します。その結果、日本文化の訓練を受けた人は、必要最小限にしか発言しません。また、表現が間接的になるので、遠慮、控えめ、遠回し、ぼかしなどを多用し、「言ったこと」と「意味したこと」は必ずしも一致しないという特性があります。この違いが、日米民主主義におけるコミュニケーションの一番の違いです。

日本文化は、直接表現を「ぶしつけ」と感じ、謙譲の態度と察しの能力を「奥ゆかしい」と大事にします。「つまらないものですが……」は、決して「つまらないもの」ではありません。「活発な御坊ちゃま」は「あの悪ガキを何とかしてください」という意味です。初対面で、「お上がりください」と言われても、遠慮するのが常識です。真に受けて「上がったりするのは」、「慎み」に欠けるのです。

日本文化は、「ぼかし」、「遠回し」、「控えめ」、「省略」、「逆説」などの表現を重視します。率直な直接表現と異なり、言外の意を汲み取らねばならない微妙な表現文化です。それゆえ、会田雄次氏が指摘した通り、「察し」の能力を抜きに日本文化のコミュニケーションは成り立ちません。

このようなコミュニケーションの特性に加えて、日本文化は謙譲と奥ゆかしさを美徳とします。「いい人」は、決して「しゃしゃり出ない」ということです。自己主張は美しくなく、己を抑制し、誇らない、ことが「品格」の条件です。

社会教育で多くのボランティア事業が失敗に終わったのは、アメリカ型の民主主義を買いかぶって、自薦で「手を挙げる人」を選ぶからです。「能ある鷹は爪を隠す」という文化で、「優れた人」は手を挙げません。逆に、「手を挙げて、自己主張をためらわない人」の多くは頼りにならない、と文化は言っているのです。

日本文化は、「実るほど頭を垂れる稲穂かな」と言い、「下がるほどその名は上がる藤の花」と言います。要するに、優れた人は、あくまでも自制して、「控えめ」なのです。世間が発掘するまでは表に出てきません。時には、発掘され、他者の推薦を受けた後でさえ、なお、「自分はその任にあらず」とおっしゃって固辞・遠慮される方も多いのです。

日本文化・日本社会では、人びとの目は厳しく、常に誰もがお互いに、お互いの言行を「察し」ながら「人物評価」をしています。小さなコミュニティで他人の目をごまかすことはほぼ不可能です。「広い・狭い」の違いはあるでしょうが、世間は世間の中の「優れた人」を嗅ぎ分けます。だから、日本文化では「他薦」が有効なのです。市民学習ネットワーク事業では、家族による推薦も禁止しました。家族は身内に甘く、「身びいき」になりがちだからです。

その後、筆者は、この他薦方式を、さまざまな事業に応用して一度も失敗したことはありません。逆に、「自薦方式」の失敗は嫌になるほど見てきました。

15　学生諸君による事前調査

宗像町から「ゴーサイン」が出た後は、社会教育研究室に所属した学生諸君が活躍する独壇場でした。彼らは、二人一組になって、他薦で上がってきた候補者を各戸に訪問しました。戸別訪問の第1の目的は、「有志指導者」と名付けた「ボランティア・ティーチャー」の希望調査です。第2の目的は、市民教授として問題はないかという人物インタビューです。彼らは、アンケート用紙とチェックリストを持参して、街中を駆け回りました。候補者には、「一定の交通費しか出ませんが、指導をお願いしてもいいですか」、「何をどの程度、教えたいとお考えですか」、「対象者の年齢・性別・人数などに注文はありますか」、「指導の頻度や時刻はどうしますか」、「場所はどこがいいですか」、「特別な教材は必要ですか」などの意見や希望を聞きました。

次に、当方が事前に準備したインタビュー評価を行なってもらいました。チェックリストの項目は、「対応は丁重でしたか」、「対応にどれくらいの時間を要しましたか」、「本事業に対する前向きの意見や感想が聞けましたか」、「熱意や意欲は感じられましたか」、「具体的に指導したい中身を語ってくれましたか」、「注文は多過ぎなかったですか」などであった。

予想したことでしたが、茶菓子を用意して学生の労をねぎらった人もいれば、逆に、訪問した学生を正座させて「最近の若いものはなっていない」という趣旨の説教を1時間もした人がいました。「自分ごときが受ける役目ではない」、と指導を固辞する人もいれば、「こんな機会をいただいて、宗像に住んでよかったという人」もいました。固辞する方には、筆者自身が説得に伺い、納得していただくこともありました。

学生に、説教したり、威張り散らした人は、残念ながら研究室の独断で、候補者リストから外させてもらいました。学生に威張る人は、恐らく市民にも威張り、新旧住民の融和に資するとは思えなかったからです。選考過程について、推薦者から「なぜ外したのか」など、多少の文句も出てぎくしゃくしたところもありました。しかし、市民教授になっていただく以上、人物評価があまりに低かった方については、事業の趣旨に鑑みて譲りませんでした。

現在では、一斉調査に代えて、運営委員会が「面接」で人物評価を行なうようになっています。事実、近年でも、威張り散らす人がいて、人物評価で「推薦不可」になった人がいたと聞いています。日本文化が求める礼節の最低基準を守り抜くことが事業の崩壊を防いできたのです。

かくして、第1次発掘では、100名を超える候補者の中から、1週間の認定講習を経て89名の「有志指導者」が誕生しました。

16 「認定講習」という関門

事業がスタートするにあたって、次の関門は「認定講習」でした。行政関係者の不安を払拭するためにも当初の講習は、1週間の夜間研修を計画しました。

基本的に、筆者が担当し、成人学習者の特性の説明から、教材準備、自主的な学級運営の方法に至るまで念には念を入れたものでした（＊）。

カリキュラムの主要な中身は、脚注に示した通りですが、「市民対等の原則を守り、成人の学習者は礼節に則って処遇してください」。彼らは「選択的学習者ですから、指導が気に入らないときはお辞めになります」。「本務を優先する学習者ですから、本務に支障が出たときはお休みになります」。「実利を大事にする学習者ですから、学習の効用を重視します」。等々を強調しました。

また、「すべての学級の運営は自主・自律で行なうこと」、「市民の評価の結果、学級定員が5名を切ったら、閉鎖になること」、「新旧住民の対話に留意していただきたいこと」などをお願いしました。

事前のインタビュー調査で説明が行き届いていたので、大部分の候補者は、異論なく受けいれてくれましたが、教員のようなすでに指導資格を持っている人から文句が出ました。1週間にわたる長丁場の夜の研修は確かに負担であったと思います。教育免許等の有資格者にとっては、「いまさら、長期の市民教育の研修など受けたくない」という雰囲気でした。しかし、「認定講習」を受けてもらわない限り、「有志指導者」にはできないというルールを決めていたので、教員にだけ研修を免除することはしませんでした。

本事業における市民学習者と指導者は「対等」です。市民は、学業が本務ではなく、学校教育における学生とは大いに異なります。市民教育において、学校教育が学生を扱うような対応では、事業の趣旨に反することになります。残念でしたが、研修を受講しない教員の参加は諦めることにしました。最終的に、認定された「有志指導者」は89名で、そのうち教員の参加は数名にすぎませんでした。結果的に、町内2つの大学の賛同は得られなかったので、「自由大学」の名称は諦め、「市民学習ネットワーク事業」という名称に落ち着きました。（なお、余談ながら、後日、「むなかた自由大学」は、昭和22年生まれの宗像市の企業人グループの発案で、当初から2000名の会員を擁する会費制・月例の一大講演会として誕生し、日本社会における自主勉強会の先駆けとなりました。）

一方、30年を超えた実践で、事業の趣旨が広く浸透した現在の認定講習は、「運営委員会」による「事前インタビュー」と組み合わされ、極めて簡便化された半日研修に変わっています。

（＊）認定講習カリキュラム

竹村　功、三浦清一郎、小都市における人材ボランティア活用事業の企画立案についての方法的考察、第1回九州地区生涯学習実践研究交流会発表資料、昭和57年、出発当初の認定講習カリキュラムは左記の通りである。認定講習受講後指導者には「有志指導者」としての資格が与えられるが、資格は2年間しか有効ではない。2年後の更新研修と新しい指導者の発掘と認定が繰り返されて今日に至っている。

―・―・―・―・―・―・―

カリキュラムの主要項目

市民相互学習の意義と進め方

青少年の学習活動の特徴と指導者としての心構え

成人の学習活動の特徴と指導者としての心構え
学習指導の方法
学習プログラムの作成
指導後の反省と評価

17 「コミュニティ学習新聞」――広報がカギになった

市民学習ネットワーク事業は、新規の、なじみのない事業であったため、有志指導者の紹介情報を中心に毎月1回の定期的な広報を重んじました。

従来の「行政主導型」の社会教育プログラムと異なって、「いつでも、どこでも、誰でも、何でも」とうたい上げ、5人揃えば、教室ができると宣伝しました。場所は、自宅から民間企業の会議室、公的施設まであらゆる可能な施設を活用したのです。

発足当初、市民主導・相互補完型の生涯学習は、極めて馴染みの薄いものだっただけに、広報効果は衝撃的だったようです。新鮮な市民講師陣の周りに5人以上の学習者が集まり、第1次の募集で、予想を遥かに超えて多様な学級が次々に成立しました。学習施設が間に合わず、農協、銀行などが学習場所として会議室を提供してくれました。

広報のねらいは、事業の思想と原理を市民に知っていただくことです。「有志指導者」にとっても市民学習者にとっても、本事業の仕組みと雰囲気を分かっていただくことが先決でした。

もう一つの特徴は、この事業が市民主導の市民教授システムである以上、広報活動もまた市民の手で担わなくてはならないと考えたことです。それゆえ、広報も市民ボランティアを募集して、取材、編集、撮影等を自前で行なうようにしました。

1年目の「コミュニティ学習新聞」：「学習とであいのひろば」は、すべて市民ボランティアによる発行でした。当初から、町の広報に依存せず、独立で始める約束だったので、月1回の発行記事を集めるだけでも大変な作業でした。

しかし、誠に有り難かったことに、市民ボランティアは縦横にその能力を発揮し、手づくりの広報紙は町の行政広報と一緒に全戸配付する仕組みを承認してもらいました。

かくして、事業広報が街の全戸に行きわたり、事業成功の決め手になりました。当時の宗像町および各町内会の理解と協力抜きには実現し得なかったことです。

32年が過ぎた現在、「むなかた市民学習ネットワーク事務局（宗像市市民活動交流館メイトム内）」には、３名の嘱託・専任の担当者が配置され、彼女たちがボランティアの編集委員と協働して広報を作り続けています。幸いなことに事務局の資料棚には第1号からの広報紙が保管されていたので、今回の執筆には大いに役立ちました。市民学習ネットワーク事業の出発点は最初の数年の広報紙をひもとけば、その歩みが浮かび上がってきます。

事業の特性を表わすキャッチフレーズは、「珈琲一杯で学習を」、「5人揃えばＯＫ」、「学習者が主役」、「手づくりのカルチャーセンター」、「全国初の草の根学習」、「学習するコミュニティの創造」などです。これらの文言が広報紙：「コミュニティ学習新聞」の紙面に踊り（＊）、市民教授システムの出発は24学級でした。

（＊）コミュニティ学習新聞「学習とであいのひろば」昭和58年4月創刊号〜5月号

18 「受益者負担」の原則──「珈琲一杯で学習を！」

「珈琲一杯で学習を！」は市民学習ネットワーク事業の学習者募集のキャッチフレーズでした。32年前、コーヒー一杯はおよそ３００円でした。企画の段階で、行政当局が強く抵抗したのは、学習者に応分の負担を求めるという「受益者負担」の原則でした。当時の社会教育は行政主導・行政丸抱えの事業でした。公民館プログラムは「ただ」だという発想が一般にも浸透していた時代です。その中で、受益者負担制度は、当時の社会教育関係者の理解を超えていて、決して歓迎されませんでした。「素人が教える」のに、「市民から金をとるのか」という声が大きく、「そんなことができるはずはない」という批判があちこちから聞こえてきました。

「珈琲一杯」は受講料を意味し、1回300円（平成21年に400円となっている）の負担を市民にお願いしたからです。

地方の財政難が現実となった今日では想像できないかもしれませんが、当時の社会教育は、材料費実費を除いてほとんどすべてが「ただ」の時代でした。当時の社会教育は、限定された市民を対象とした「3割社会教育」と呼ばれていた時代でした。

それゆえ、「啓蒙」・「教化」の意味合いがあるのであれば、「お上の経費負担は当然」という発想がありました。「おんぶにだっこの社会教育」と揶揄され、お上の伝達やお上が選んだ講師陣の解説を聞く「承り学習」ではないかと批判されていました。

建前では社会教育と学校教育は車の両輪と言いながら、学校は完全に閉鎖的で、社会教育には見向きもせず、「学校開放」も「学社連携」も夢のまた夢の時代でした。

生涯教育政策は始まったばかりで、中央教育審議会が生涯教育を国の理念と定めたのは、昭和56年であり、日本生涯教育学会の発足は、翌昭和57年のことです。昭和57年に準備を開始し、昭和59年に制度化した「市民学習ネットワーク事業」に抵抗があったのも頷けるというものです。

「お金を取ったら市民はこない」・「金を払ってまで学習する人はいない」・「市民の素人先生になぜ金を払うのか」等々は関係者の共通の感想・疑問でした。それゆえ、受益者負担の原則の導入には心理的な抵抗が大きかったのです。そこで、事業の浸透と受益者負担に対する抵抗感を薄くするため、学校や団体に対しては、「減免規定」を導入しました。苦肉の策でした。子ども会、老人会のような団体活動に対する割引と学校における活用の受講料免除を2本の柱にしました（＊）。

もちろん、当時の日本は、右肩上がりの経済成長を遂げており、地方財政が現在のように逼迫するなどということは、誰ひとり予測しませんでした。この事業が30年を超えて、今も続いているのは、ひとえに受益者負担を導入していたからです。

一方、新規構想の事業提案としては、結果的に、受益者負担の導入は行政の財源に頼らないという意味で、当局と交渉する上で大きな力になりました。プログラムの実行予算は要らないということは、大いに町役場幹部の心証をよくしたのです。

「受益者負担」の導入は、32年後の現在、財政逼迫状況下でも活動が継続できるという意味で時差を伴う重要な成功条件でした。受益者負担を原則にしていなかったならば、事業の新設・離陸も、現在の活動の継続も到底不可能だったことでしょう。自立して自転する生涯教育システムは、未だ遠い夢物語の時代でした。

（＊）割引率は次の通りです（コミュニティ学習新聞、昭和58年6月号）。

（ア）団体割引
15～39名……4000円
40～59名……6000円
60名～……8000円
（イ）学校教育に導入の場合……無料

19　受講料は何に使ったのか
――「ボランティアただ論」への挑戦

わが国の研究者たちの「一つ覚え」は、ボランティアの特性を「無償制」と「任意性」としてきたことです。これがボランティアは「ただ」で使っていいのだという行政発想に繋がっています。現在でも状況は変わっていません。

周知の通り、ボランティアは、未だにカタカナ表記です。それは日本文化に存在しなかった外来の思想であるという証拠です。クリスマスやレディ・ファーストと同じです。阪神淡路大震災以来、ようやく日本型のボランティアが定着してきたというのが近年の研究者の指摘ですが、日常ボランティアに対する行政発想は変わっていません。

確かに、発祥時の欧米のボランティアは、キリスト教との関係で、聖書にある「良きサマリア人」を原形とした「無償制」と「任意性」を前提としていました。欧米に誕生した「義勇軍」の発想も同じ思想を継承しています。

しかし、今は違います。アメリカは、「フロンティア・スピリット」に代えて、「ボランティア・スピリット」で社会を変えようというところまできています。新しい法律まで定めてボランティアを支援・奨励するさまざまな仕組みが作られています（＊）。

市民相互学習システムが発足した当時も、現在も、日本社会は、まだ、「ボランティア」は「ただ」だという発想に固執しています。

日本社会には、教会文化に相当する日常活動はなく、逆に「施し」とか「陰徳」というような仏教文化概念がオープンなボランティア活動を阻害してきました。災害時の救援活動は別として、ボランティア活動などやったことのない行政が、「ボランティア」を「ただ」で使うという発想がいかに日本人の日常のボランティア活動を妨げてきたか、想像に余りあります。給料をもらっている人の指図を受けて、「ただ働き」をさせられるのは、「アホらしい！」と思うのは人情です。

人間社会では、どんな活動であれ、実行するには、時間、エネルギー、経費がかかります。特別に恵まれた人なら、今まで通りの「施し」・「奉仕」でいいでしょう。しかし、一般人に参加してもらって、長期にボランティア活動を続けるためには、第1に社会が、彼らの貢献に対して感謝の意を表明すること、第2に、活動に要する一定の費用弁償をすることが条件です。日本社会にはその準備がまったくできていないのです。

以上のような認識から、宗像町の市民相互教授システムは、最初から「ボランティアただ論」を否定したのです。「学習交換」が成り立つためには、指導者のボランティア精神と学習者の受益者負担への同意という両方の要素が不可欠なのです。相互教授システムの「相互性」の意味もそこにあります。

学習者の受講料はボランティアで教える「市民教授」の交通費の「費用弁償」にあてました。

もちろん、当時の宗像町でも「ボランティアに費用弁償は要るのか」、「そもそもボランティアはただであるべきだ」という意見は強いものでした。そうした意見に対しては、ボランティアは「お布施」ではない。恵まれた人びとの「奉仕活動」以外、日本国に長続きのする「任意の活動」はないではないか、と反論しました。「ボランティアただ論」こそが、昔も今も、ボランティア活動を阻害している主たる原因です。ボランティア活動に対する「費用弁償」は、彼らの「貢献」に対する感謝と社会的承認の表明でもあるのです。

また、本事業における「費用弁償」論は、「受益者負担」論と表裏一体の議論です。それゆえ、辛うじて行政の了承も得られたのでしょう。

交通費試算の根拠は、当時の町の端から端までのタクシー代が2000円前後であったことです。「天候不順の場合、行きはタクシーで、帰りは受講生に送ってもらってください」、と言ったこともありました。

他方、2000円の費用弁償については、教師の専門性の観点から、「不足」であるという反対論も根強くありました。「先生方に交通費しか払わないのか」という伝統的な「指導者特別視」とでも呼ぶべき考え方が存在し、「払うな」という人と「払い足りない」という人がいて、右も左も「抵抗勢力」でした。社会教育においてさえ、「教える者」も「教わる者」も、市民は対等なのだという発想は、まだ定着していませんでした。「教える者」としての「講師」は専門職業の特権に守られた特別な存在である、という考えも強かったのです。

企画会議では、一貫して「受益者負担」の原則と「ボランティア教授」への費用弁償を主張し、若いメンバーの共感を得ました。理論の背景は、「指導者の指導の継続性を保証すること」、「お金を払ってでも学習したい人びとを発掘すること」、「身銭を切っているからこそ学習の選択にも、継続にも、評価にも真剣さが増す」、等々でした。もちろん、「ボランティアただ論」は、日本の研究者の「一つ覚えの固定観念」であり、活動に要する基本費用を社会の側が提供しないで持続的で責任のある社会貢献は不可能であるという判断で一貫していました。

（＊）アメリカのボランティア支援

１９７０年代には、国内ボランティア・サービス法(Domestic Volunteer Service Act)、VISTA（Volunteers in Service to America)、平和部隊、「退職高齢者ボランティア・プログラム(RSVP, Retired Senior Volunteer Program)」（１９７１年に創設）などが次々に制定されました。最終的に、国内のボランティア活動の総合的推進を図る政府機関アクション(ACTION)に吸収されました。その後、１９９０年にNational and Community Service Act of 1990が、１９９３年にはNational and Community Service Trust Act of 1993が制定され、連邦政府がボランティア活動を行なうプログラムに助成することができるようになりました。

20　「有志指導者」連絡会議——始動期の支援システム

実際に動き出した市民教授システムに戸惑ったのは、行政や学習者だけではありませんでした。最も戸惑ったのは指導に当たった先生方（「有志指導者」）だったことでしょう。それゆえ、当初は応援と団結のための「有志指導者」連絡会議を年3回の頻度で開催していました。会議の主催者は「運営委員会」です。第1回「連絡会議」は1984年の8月8日に開催されました。その記録を振り返ると、指導上の具体的な問題が数多く提起されています。

例えば、「学習者による学級運営がうまく進まないのでオリエンテーションの仕方に工夫が必要であること」、「受講料とは別に、指導に関わる材料費の負担が大きいことに学習者の不満が出ていること」。逆に、「指導上の用具などを取り揃えることが「有志指導者」の負担になり過ぎていること」、「研究成果や完成した作品の社会的発表の機会が欲しいこと」などが指摘されています（＊）。具体的には、学習者に調理用の道具を揃えさせたり、習字の手本をコピーして売りつけたりした問題が発生しました。

また、会議を活用して、市民交流や学習者動向の調査も行ないました。会を追って、提起された実践上の課題は事業システム上ルール化して、現在の「学級運営の仕組み」や学習成果の年次「発表会」の形に進化してきました。

（＊）コミュニティ学習新聞、昭和58年9月号

21 学習者による自主運営と「学縁」の創造

市民学習ネットワーク事業は、「学び」を通して新しい交流をめざしていました。当時は未だ発明されていなかった用語ですが、「学縁」の創造を重要な目標としたのです。そのため、市民による市民の相互教育システムとは、指導者が市民であることに留まらず、学級の運営もすべて市民の自主性に託すことを原則としました。（資料編の「有志指導者心得」と「学級生心得」を参照してください。）

「有志指導者」は、開級に当たって、受講者と協議の上、学級長を決め、会計

係を決め、教室係を決める仕組みを作りました。学習のあらゆる機会を捉えて市民が相談し、交渉し、協力しなければならない仕組みを整え、協議の過程が「同じ釜の飯」効果を発揮するようにしたのです。

学級長はクラス運営・連絡をとりまとめ、会計係は受講料の集金と金融機関への振り込み、教室係は乏しい社会教育資源の中から学習場所を確保し、環境を整え、日常活動に支障がないように配慮する役目でした。

当時は、施設が貧困で、到底公的施設だけでは足りませんでした。それゆえ、個人の自宅、レストラン、民間企業の会議室など学習場所について制限はしないということを原則にしました。

当然、学習機会も学習の場所も一気に拡大し、それ自体が事業の話題性を高めたのです。植物観察はハイキングを兼ねて野外に出ることになり、銀行の会議室も、農協さんの会議室もお借りしました。国民宿舎の台所も料理の学習場所になり、飲み屋で英語を学んだという話まであリました。

それで果たして、まじめな学習が遂行できるかという疑問も出ました。しかし、「身銭」を切った学習者は、学習者自身がその効果・効用にこだわるので、特別な問題は起こりませんでした。行政主導型の社会教育では考えられないことですが、自分がお金を支払う市民の学習では、市民自身が学習の管理・監督をすることは疑いないと確信しておりました。どのような条件下でも「お金を払うものが主役になる（He who pays money, calls a tune.）という英語のことわざを使って学会の際の質問に答えました。

自主・自律のクラス運営の方法は33年が経った今日でも変わっていません。運営を市民に任せることによって、市民相互の交流が促進されたことは明らかでした。人びとが学習の時間と空間を共有した結果、行政が熱望した「同じ釜の飯」効果もはっきりと出ました。相互教育は、副産物として、自然発生的な交流の深化を生み出したのです。

発足後のアンケート調査では、「知り合いが増え、仲好しができた」、「相互訪問をするようになった」、「いろいろ相談もしている」、「クラス外でのお付き合いも始まった」などの回答が寄せられました。

市民学習ネットワーク事業は、さまざまな手法を用いて意識的・意図的に市民間の交流を促進したのです。今や、表立って、市民学習ネットワーク事業の当初目的が、「新旧住民の交流・融合」であった、と思い出す人もいなくなったことでしょう。もとより、住民相互の交流の深化は市民学習ネットワークの成果だけではありませんが、市民による、小規模で多彩な学習活動が、新旧住民の交流を促進したことは疑う余地がありません。

22 効果の測定——フォローアップ調査

市民学習ネットワーク事業は、町の社会教育行政にとって、初めての実験でしたから、日本の風土と社会状況にどう適応するのか、断続的に「有志指導者」、「学習者」、コミュニティ学習新聞の「編集者」など事業に関わった人びとの意見を拾い上げる努力を続けました。

前掲の「連絡会議」もその工夫の一つでしたが、事業システムを研究する上での学術的な調査も並行して実施していきました。事業開始直前の「有志指導者」を対象とした特性分析、開始半年後の学習者に対する電話を利用した「もしもしアンケート」、事業開始2年後の「学習者」に対する質問紙調査などがそれです。

第1回の電話調査は、当然、簡単な質問に限定せざるを得ませんでしたが、「学習の満足度」、「指導者に対する評点」、「具体的なプログラム評価」の結果はいずれも上々でした。（＊1）

学習者の調査では、「期待通り」で「よかった」と答えた人の率は、「学習の満足度」99％、「指導者に対する評点」99％、「具体的なプログラム評価」でも91％と出ました。「市民教授」も、「市民による市民のための生涯学習システム」も「合格」の判定が出ました。

また、本事業の「隠れたカリキュラム」として設定した市民相互の「交流の促進」についても、結果は上々でした。

「ネットワークでの学習を通して今まで知らなかった人と友だちになりまし

たか」という設問には、78%が「はい」と答えています。さらに、「その人たちとはどの程度付き合っていますか」の設問には、「学習する時だけ」と答えた人が78・2%、「学習の場を離れたところまで付き合いが広がっている」が、21・8%ありました。事業開始後、わずか半年後の調査でしたが、「市民学習ネットワーク」は、学習のネットワークであるとともに、「交流のネットワーク」でもあり得ることを明確に示したのでした。さらに、2年後の質問紙調査は、同趣旨の質問をさらに詳しく尋ねています。（＊2）

2年後、学習の「満足度」は、「とても満足50・7%」と「まあまあ満足39・3%」を合わせると90%になります。指導者の評点は、「とてもよい70・7%」と「まあまあよい27・6%」を合わせて98・3%と出ました。市民教授への評価は、プロの指導者に優るとも劣らないことが分かったのです。市民学習ネットワーク事業に対する支持率も、97・5%でした。

一方、開始直後の調査と比較した「交流促進機能」の方も、大いに注目すべき結果が出ました。

「ネットワークでの学習を通して、今まで知らなかった人と友だちになりましたか」の設問には、82・4%が「はい」と答えたのです。また、「その人たちとの付き合いは学習時間以外にもひろがっていますか」の設問には、過半数を超える50・3%の人が「はい」と答えました。交流を促進する「隠れたカリキュラム」は、事業開始2年後も、健在でした。2年の時間を経て市民学習ネットワーク事業の「交流促進機能」は見事に定着したのです。当初の予想通り、市民による市民のための生涯学習は、市民が「新しい縁」を発見する「生涯学習の同じ釜の飯」となったのです。新旧住民の相互交流は間違いなく進展するという確信を持つことができました。

この事業は30年以上にわたって続いてきました。当初にいただいた市民からの「合格」判定は、その後も覆っていないということです。

また、現在の高齢社会を展望したとき、引きこもりがちな高齢者の「学習と社交」の創造に、市民参画型の生涯学習が不可欠であることを明確に示しています。また、教える者にとっても、学ぶ者にとっても、「市民学習ネットワーク事業」への参加が、健康寿命に大きく貢献していることも疑う余地がありません。市長さん・議長さんには、30周年を祝う式典の時に、お目にかかりました。事業効果の検証の一環として、「事業に参加している高齢者」と「同世代の一般高齢者」の年間必要医療費の比較調査をしていただけませんか、と提案しました。「大いに賛成」、「大事なことですね」と言ってくれましたが、未だに実行されないのは誠に残念なことです。

（＊1）コミュニティ学習新聞、84年9月号

（＊2）原　一興、末崎ふじみ、宗像市「市民学習ネットワーク事業」における学習者の評価と交流促進機能の実証的研究、第5回九州地区生涯学習実践研究交流会発表資料、昭和61年

23 「有志指導者」の人物像

ボランティアは、「誰にでもできる」、「誰でもボランティアになれる」、とい

うのが理論上の社会参画論です。一般論として、間違いではありませんが、相互教育事業においては、それほど単純化はできません。その証拠は、近隣の自治体行政が旗を振った「生涯学習ボランティア」の養成事業の結果からも明らかです。研修を受けただけでも、社会教育の学習者としての経験を積んだだけでも、学習指導を担当する指導者にはなれていないのです。

本事業のずっと後に、民間の出版社と研究者が組んで、全国展開で、指導者養成講座の受講を条件に、「生涯学習指導者」の「資格」を出した事例もありました。しかし、高額な受講料を払ったにもかかわらず、指導の機会は与えられず、自ら指導の場を開拓することも叶わず、受講者の不満が噴出した事件も見聞しました。

生涯学習発想が定着した現在でも、学習経験を積んだだけでは、成果の社会還元には繋がっていきません。行政主導の社会教育において、さまざまな呼びかけや懇願が続けられてきたにもかかわらず、ボランティア主導の学習支援活動の底辺は拡充していません。

もちろん、前述の通り、「教える者」と「学ぶ者」を繋ぐ「仕組み」がないことが最大の原因ですが、われわれの調査によると、理由はそれだけではないようです。

市民学習ネットワークの出発点で行なわれた「有志指導者調査（＊1）」と「一般町民を対象とした社会教育調査（＊2）」を比較してみました。その結果、「有志指導者」となり得る人びとの特性が明らかになりました。「有志指導者」の人物像は明らかに「一般市民」の平均の人物像とは違うのです。浮かんできた「有志指導者」の特性は、今後の社会教育の展開にとって重要な示唆を含んでいると考えました。以下は筆者が重要だと考えた順に調査結果の考察を紹介するものです。

（1）「有志指導者」は、生涯学習・社会教育活動の豊かな経験者である

一般市民の平均と比較した時、「有志指導者」の社会教育関係活動への参加

経験は群を抜いて高いものでした。このことはグループ・サークル活動においても同じでした。一般市民の社会教育経験が25・5%であるのに対し、「有志指導者」は、75・3%でした。似たように、一般市民のブループ・サークル活動経験が33・3%であったのに対し、「有志指導者」のそれは、実に92・9%でした。社会教育体験も、グループ・サークル体験も、「有志指導者」は、一般市民と格段の差があり、過去に蓄積された社会教育体験が、「指導を引き受ける」重要な要因になっていると言って間違いないでしょう。もちろん、控えめで己を誇らない人びとが、指導を引き受けてくれた裏側には、他者の推薦や事業主体からの懇請があったことは言うまでもありません。

これに対して、通常のボランティア養成講座の欠点は、見聞する限り、対象者を選別・吟味していません。講座は、通常、やりっぱなしであり、終了後の活動の舞台も準備されていません。

講座終了者に対して、活動の「懇請」もしていません。また仮に、受講者が自発的に活動を始めたとしても、彼らの社会貢献を評価する仕組みはありません。

逆に、「市民学習ネットワーク事業」は、上記の条件をすべて満たしていました。「有志指導者」は、「他薦」の仕組みで選別されます。研修終了後は、「事務局」という「つなぎ」の機能が常設されており、指導の舞台が設定されます。「運営委員会」は丁重に指導協力のお願いをし、指導結果は、コミュニティ学習新聞で、できるだけ具体的に広報・評価に努めます。

「有志指導者」の発掘・活用・評価の過程は、今後の市民のボランティア活動の育成にとって、重要なヒントを明示しているのです。

(2) 日々の暮らしに充足感のある生活者である

「有志指導者」は一般市民に比して、生活実感において満足感が高く、前向きで、はっきりした目標を持った方がたでした。

前記二つの調査では、「気持ちの上でゆとりがありますか?」、「日ごろ疲れを感じていますか？」、「満たされていますか？」、「将来、実現してみたい目標がありますか？」、「自分の能力が生かされていますか？」等々の質問を積み重ねています。その結果、どの項目においても、「有志指導者」は、一般市民に比べて生活の充足感が高いことが分かりました。日々の暮らしに充足感がある時、初めて、私たちは他者のために活動できるという傾向が存在すると言っていいでしょう。当時の傾向は、恐らく現在も変わってはいないと思われます。古人は「衣食足って、礼節を知る」と言いましたが、生涯教育ボランティアは、「日々充実して、他者貢献を思う」ということなのでしょう。

(3)「有志指導者」は「趣味」に生きる人が多い

有志指導者の「日々の気がかり」、「生き甲斐」、「暮らしの張り」の対象は、一般市民と比べて「趣味」の位置が高く、「好きな趣味に打ち込んでいる時」に「生き甲斐」や「暮らしの張り」を感じると答えた人の割合が高かったのです。市民学習ネットワークの指導項目に趣味の分野が多かったのも、このことに大いに関係していることでしょう。現在の活動の分野は、「趣味・おけいこごと」、「家庭生活・日常生活」、「スポーツ・レクリエーション」、「教養」、「伝承文化」と分かれていますが、領域が異なれば、有志指導者の特性も多少違うのかもしれませんが、そこまでの調査はできていません。この30数年を通して、学級数や学習者数が急激に増大したにもかかわらず、有志指導者の数がそれほど増えていないのは、前記の「資質・条件」が関係していると思われます。新しい指導者は増えていますが、年齢その他でお辞めになる指導者もいて、微増に留まっています。

（＊1）末崎ふじみ、高野直哉、小都市における人材活用事業の研究（その4）―「市民学習ネットワーク事業」における有志指導者の特性と学習者の評価―、第4回九州地区生涯学習実践研究交流会発表資料、昭和60年

（＊2）宗像町教育委員会、「宗像町社会教育基本調査」、昭和55年

24 学習者のメリット

学習者にとって、この事業の「隠れたカリキュラム」は、「経済性」です。有志指導者はボランティアですから、講師謝金は発生しません。指導に要する交通費や材料費などの費用を支払ったとしても、通常の民間の受講料に比べれば、遥かに安いのです。

受講者にとっては、自分たちのやりたい学習を少人数かつ低料金で組織化できることが本事業の最大のメリットになります。筆者は、この20年近く英会話クラスを担当してきましたが、受講生の参加動機を伺った時に、「通常の英会話学校に比べて、何てったって安いからね」とおっしゃった受講生がいました。正直な感想だったと思います。他の分野のことまで、正確には分かりませんが、似たような感想は多いと想像できます。格安受講料こそが、学習が拡大し続けた大きな要因です。

25　市民教授の指導領域と「有志指導者」発掘の自粛

指導領域の選定については、市民の学習要求と社会的事情を勘案して、企画の段階から関係者が協議を続けました。行政当局もいろいろ心配していたので、発掘を自粛した項目もいくつかあります。市民が自由に指導することができると言っても、教育行政が支援する事業ですから、法的・社会的規範を勘案していくつかの付帯条件をつけました。

例えば、指圧（マッサージ）教室は禁止しました。当時、関東のある都市ではボランティアが始めた指圧の奉仕作業が、視覚障害者の職業妨害になっているという訴訟問題が起きていました。そこで、町の現状を調べ、職業上の「営業妨害」になるような領域は避けようということにしました。町の行政には細心の注意を払って事故やトラブルを回避する旨を説明しました。

地域内には福岡教育大学が存在し、音楽科があったのでピアノが弾ける学生は沢山いました。しかし、町の小さなピアノ教室の営業を考えて「ピアノ教授」

の項目は落としました。また、ビデオ撮影が人気を博し始めていた時期だったので、項目は取り上げましたが、特別注意事項として、ポルノのような「公序良俗」に反するものは禁止するという文言を入れました。爆発物の製造など危険物の製造指導も、当然禁止しました。町は海岸が近いので、人気の出始めた、サーフィンやウインド・サーフィンなどが候補に挙がりましたが、安全性に責任が持てないという理由で除外しました。

現在分類されている指導領域は人びとの日常を網羅した次の5分野です。

A　趣味・おけいこごと
B　家庭生活・日常生活
C　スポーツ・レクリエーション
D　教養
E　伝承文化

右記の5領域は、指導者が登録する個別プログラムに細分化され、100種類を超える小項目に分かれます。

指導項目一覧は、p.118~119を参照してください。

26　2種類の募集方法

学級には、「自主学級」と「公募学級」の2種類があります。「自主学級」は、市民学習者が自主的に参集した学級です。希望内容に応じて、講師の紹介・斡旋を事務局に要請することができます。

一方、「公募学級」は、広報誌上にプログラムが紹介され、応募者が5名(現在は6名)以上になったら学級が成立し、指導が開始されます。一連の過程は次ページの図の通りです。

自主学級	公募学級
1 何かを学びたい、身に付けたいと思ったら	1 事務局であらかじめ有志指導者と、場所、時間などを決める
2 同じような希望を持った人を６人以上集める	2 市の広報誌に綴じ込んであるコミュニティ学習新聞「むなかた市民学習ネットワーク」で学級生を募集する
3 事務局に電話をして、有志指導者を紹介してもらう	3 ハガキまたはＦＡＸで事務局に申し込む
4 指導者と直接相談して日時や場所などを決める	4 申込者が６人以上になったら、学級が成立
5 学習が始まる	5 学習が始まる

27 農協の大英断
――宗像農協の協力なくして事業は前に進まなかった

事業の制度設計ができ上がり、いざ実践に移そうとした時、会計事務上の問題が発生しました。それは受講料を振り込む際に発生する手数料です。事業を最少限の事務作業で回すためには、事務局が現金を扱わないことが前提でした。ところが個人が支払うにせよ、学級単位でまとめて支払うにせよ、振り込み手数料が発生するという問題を見過ごしていたのです。

手数料が発生すれば、学級単位でまとめたとしても、「珈琲一杯で学習を」のスローガンが崩れます。また、会計係は、「受講料＋振り込み手数料」の計算をしなければなりません。人数次第で端数も発生します。受講生の間の分担や会計事務も複雑化します。

当時の銀行のコマーシャルは、「地域とともに、皆様とともに」というような趣旨の文言でした。そこで町内の複数の銀行の責任者を訪ね、事業の趣旨を説明し、市民がボランティアで市民のための生涯教育システムを作るので、なんとか振り込み手数料を無料にしてもらえないかという交渉をしました。「『地域とともに』というお宅のスローガンを実現してみせてくれませんか」と懇願したのですが、支店が決められる事項ではなかったのでしょう。反応は冷たいものでした。どの銀行も、「協議します」とは言ってくれましたが、われわれを待たせただけで、最終の答は「ノー」でした。当時の銀行では、300円の受講料を振り込むのに200円の手数料がかかりました。個人で振り込めば、実質500円の負担になります。学級分をまとめたとしても、一人300円を超えることになります。

このとき救いの手を差し伸べてくれたのが、「宗像農協」でした。われわれの話を聞いてくれた幹部が事業の趣旨に感動して、この事業に関する限り農協の窓口に持ってきてくれれば、振り込み手数料は要りません、と言ってくれたのです。今度はこちらが感激する番でした。かくして、「珈琲一杯で学習を」のスローガンは守ることができました。この事業を前に進めたのは、地域の文化的発展を優先して考えてくれた宗像農協の大英断でした。銀行の冷淡さに比べて何たる違いでしょう！　今でも胸が熱くなる対応でした。

28　広域の市郡を対象とした

当時の自治体はまさしく「タコツボ」で、何につけ町の境界にこだわった時代でした。町に税金を払っていないのだから、他市町の住民に、町の機能を勝手に使わせるな、という真面目な議論が行なわれていた地域セクト主義の時代です。もちろん、図書館間の交流もなく、公民館事業の相互乗り入れもありませんでした。宗像市の発想が変わったのは、「ユリックス」という巨大な生涯教育施設を創ってからのことだったと思います。集客が最大の難問になったからです。ユリックスが所管するプログラムの門戸を他市町の住民に開放しなければ、宗像市単独の集客力では施設運営の赤字が免れないと考えたものでしょう。

もちろん、市民による市民のための生涯教育事業は、当時の日本国の教育行政が相手です。「町の境界」にこだわらないことは当然で、最初からの原則でした。居住地域で学習者を選別するのは、「誰が学んでもいい」という理念に反するからです。

折から、日本社会でも、各種の制度疲労が明らかになり、さまざまな分野で「無境界化現象」が始まりつつありました。交通・通信の進化に伴い、交流の「広域化」も時代の流れでした。事業名を「むなかた」と平仮名で書いたのは、宗像町・宗像郡にこだわらないという意味を込めました。「通えるのであれば、どこから来てもいいですよ」、という意味です。事業がスタートして数年経つと、筆者の英語クラスには、別の郡の住民が応募してくるようになりました。他の学級も恐らく事情は同じであったろうと思います。もちろん、筆者は無条件に受け入れました。学習者の増加は、受講料の増加に繋がり、事業の自立と自転に役立つと考えたからです。

29 その他の配慮事項

(1) 事故対策

「有志指導者」の傷害保険は受講料の中から、事務局が一括加入して負担しています。学習者については、学習の内容・方法を考慮して、有志指導者と学習者が協議の上、各自で加入することにしています。

(2) 指導成果の定例発表会

近年では、発表・展示を希望する有志指導者が事務局と協議の上、舞台発表、展示、即売など、宗像ユリックスを全面的に借り切って、2日間にわたり大々的に行なわれています。語学などの分野を除いて、ほぼ全学級が参加する壮大な発表会に育ち、集客力も抜群です。最近では、日程を固定し、3月の第2週末に実施するのが恒例となりました。

(3) 18歳未満の保護者の同意書

学校や子ども会のように、構成メンバーを正確に把握できる団体の場合はともかく、個別の児童青少年の参加を受け入れるについては、状況が年々難しくなってきました。本事業の出発当初は、現在ほど子どもの事故・事件は多発していませんでしたが、預かるのが行政ではなく、一般市民の「有志指導者」でしたから、トラブル予防は保護者の方で配慮していただくよう留意しました。学級の多くは夜間や休日に行なわれます。子どもが「学級へ行く」と言って、別のところへ行っていたとなれば、大問題になりかねません。モンスター・ペアレンツは未だ問題になっていませんでしたが、随所に「自己中」の芽が出始めた日本社会でした。

そこで、少年の個人参加については、「保護者の同意書」を提出してもらうことにしました。年齢の区分についてもいろいろ意見が分かれましたが、最終的に、18歳以下としました。受け入れの可否は、指導者に一任しました。要は、この事業に参加するというタテマエで子どもが非行等の逸脱行動に走った場合、指導者も行政も責任が取れないということです。幸い、この30数年、本事業において、子どもの事件も事故も起こっていない、と聞いています。

Ⅱ 「むなかた市民学習ネットワーク事業」資料編

（2017年10月現在）

(1) むなかた市民学習ネットワーク規約

第1章　総則

（目的）

第1条　むなかた市民学習ネットワーク（以下「団体」という）は、生活の万般にかかわる分野において増大する市民の学習要求に対応する指導者を発掘養成し、その活用を図ることによって市民の相互教育、相互学習の機会を高めるとともに連帯感及び相互援助の精神を培い、もって活力ある生涯学習社会の形成に資するため、市民学習ネットワーク事業を行うことを目的とする。

（定義）

第2条　市民学習ネットワーク事業（以下「学習事業」という）とは、市民が身近な場所において少人数で自主的、自発的かつ相互に学習できるよう、指導者の発掘、養成、指導者と学習者の仲介、情報提供等を行う事業をいう。

（会員及び組織）

第3条の1　会員は、有志指導者及び有識者その他の者とする。

2　執行機関としてむなかた市民学習ネットワーク運営委員会（以下「運営委員会」という）を置き、事務局を宗像市久原180番地宗像市市民活動交流館内に置く。

（会長及び副会長）

第3条の1　団体に会長及び副会長1人を置き、運営委員会の会長及び副会長が兼ねるものとする。

2　会長は、団体を代表し、会務を総理する。

3　副会長は、会長を補佐し、会長に事故あるとき、又は欠けたときは、その職務を代理する。

（事業の運営方針）

第4条　学習事業の推進にあたっては、市民の自発性を尊重しながら、学習意欲の昂揚に努めるが営利的活動、宗教的活動又は政治的活動への便宜供与を行わないよう配慮するものとする。

（事業）

第5条　第1条の目的を達成するため、次の事業を行う。

(1)市民に学習の機会を提供すること。

(2)有志指導者の発掘、講習、養成に関すること。

(3)有志指導者の登録、更新に関すること。

(4)学習者の組織化及び有志指導者の紹介、派遣に関すること。

(5)コミュニティ学習新聞等広報に関すること。

(6)学習事業の調査研究

(7)その他目的達成に必要な事項

（学習項目）

第6条　学習事業に供する主たる対象領域は、趣味・おけいこごと、家庭生活・日常生活、教養、伝承文化及びスポーツ・レクリエーションとする。

第2章　運営委員会

（構成）

第7条　運営委員会委員は、次の各号に掲げる者の中で構成し、定数は15人以内とする。

(1)有識者

(2)有志指導者

(3)編集委員

（任務）

第8条　運営委員会の任務は、次の各号に定めるとおりとする。

(1)学習事業の管理及び運営

(2)学習事業の企画、立案及び実施

(3)学習事業運営に必要な他機関、団体との調整

(4)その他学習事業の運営に必要な事務処理

（任期）
第9条　運営委員会委員の任期は、1年とする。ただし、再任を妨げない。

（役員）
第10条　1　運営委員会に次の役員を置く。
(1) 会長　1人
(2) 副会長　1人
(3) 監事　2人
2　会長は会務を統轄し、会議の議長を務め、副会長は会長を補佐し、会長に事故あるときはその職務を代行し、監事は事業及び会計を監査する。
3　会長、副会長の選任は委員の互選とする。
4　監事2人は総会で選出する。
5　役員の任期は1年とし、再任を妨げない。ただし、補欠役員の任期は前任者の残任期間とする。
6　運営委員会委員及び監事には、予算の範囲内で、報酬及び費用弁償又は旅費を支払うことができる。

（招集）
第11条　運営委員会の招集は、会長が行う。
（会議）
第12条　運営委員会の会議は、委員の2分の1以上の者が出席して成立し、その過半数で決する。
（顧問）
第13条　1　運営委員会の目的を達成するために必要な助言及び協力を得るため、顧問を置くことができる。
2　顧問は、運営委員会の議を経て会長が委嘱する。

第3章　総会

（総会）
第14条　団体の最高議決機関として、総会を置く。

（議決事項）

第15条　次の各号に定める事項は、総会の議決を得なければならない。

(1)事業計画及び予算に関すること。
(2)事業報告及び決算に関すること。
(3)規約の改廃に関すること。
(4)運営委員会委員の選任に関すること。
(5)その他重要な事項に関すること。

（報告）

第16条　運営委員会は、必要と思われる事項については総会で報告しなければならない。

（総会の成立及び議決の可否）

第17条　総会は、会員の2分の1以上（委任を含む）が出席して成立し、その過半数（第15条第3号にあっては3分の2以上）で決する。

（開催）

第18条　総会は、年に1回以上は開かなければならない。

第4章　有志指導者

（有志指導者の任務）
第19条　有志指導者は、市民からの求めに応じて各種学習活動の指導及び援助を行う。

（有志指導者の資格）
第20条　1　有志指導者となる資格は、宗像市内に在住若しくは勤務する者又は宗像市内に通学する20歳以上の者で、所定の認定講習を受講し、有志指導者として認定された学習指導の意志と能力を有するボランティアとする。
2　前項の場合、第三者（家族を除く）による推薦を必要とする。

（有志指導者の登録及び更新）
第21条　運営委員会は、有志指導者の発掘、登録に努めるとともに一定年限ごとに認定証の更新を行うものとする。

（認定講習）
第22条　運営委員会は、有志指導者候補者に対し認定のための講習を行うものとする。

（費用弁償）
第23条　有志指導者の活動に対しては、定額を交通費として支弁する。

（指導の停止及び登録の抹消）
第24条　運営委員会は、学習の継続に支障があるなど真にやむをえないと判断されるときは、有志指導者の指導を停止し、又は登録を抹消することができる。

第5章　学習指導

（学級）
第25条　運営委員会は、学級が成立する最少定員をできる限り少人数とするなど、学級の組織化に配慮するものとする。

（学習者）

第26条　学習者となる資格は、宗像市内に在住若しくは勤務する者又は宗像市内に通学する者で、学習意欲の高い者なら誰でも学習者となることができる。ただし、次に掲げる者は学習者となることができない。

(1)受講することにより教室の秩序を乱し、有志指導者や他の受講者に明らかに迷惑がかかることが予想される者。

(2)その他会長が学習者となることができないと認める者。

（学習料）

第27条　1　学習者は、所定の学習料を納入しなければならない。

2　前項の学習料の額は、運営委員会で協議し、その議を経て定めるものとする。

3　運営委員会は、特に公共性が高いと認める学級の学習料については、これを減免することができる。

（学習場所）

第28条　学習場所は、市民活動交流館、宗像ユリックス、各地区コミュニティ・センター、自治公民館、企業研修室、個人住宅、その他身近な場所や施設とする。

（事故責任）
第29条　学習活動に伴う施設・設備・備品の破損については、その原因者が弁償するものとし、事故については、団体はその責任を負わない。

第6章　庶務

（広報活動）
第30条　学習事業に関する各種情報は、幅広い媒体を活用し、積極的にその提供を図るものとする。

（表彰）
第31条　1　運営委員会は、学習事業の推進に特に功績があった者について運営委員会会長名でこれを表彰する。
2　前項の表彰基準は、運営委員会で協議し、その議を経て別に定めるものとする。

（経費）
第32条　学習事業に要する経費は、市の委託料、学習料及びその他の収入をもって充てる。
（会計年度）
第33条　団体の会計年度は、毎年4月1日に始まり翌年3月31日に終わる。
（決算の報告及び承認）
第34条　運営委員会は、会計年度終了後決算を行い、総会において承認を得なければならない。
（職員の任免、勤務条件等）
第35条　団体の事務局職員の任免、勤務条件等は、運営委員会が別に定める。

第7章　細則への委任

（細則への委任）
第36条　この規約の施行については、運営委員会が細則に定める。

附則
この規約は、平成13年6月10日から施行する。
この規約は、平成17年6月5日から施行する。
この規約は、平成20年6月21日から施行する。
この規約は、平成21年5月30日から施行する。
この規約は、平成25年5月25日から施行する。
この規約は、平成28年5月28日から施行する。

(2) 市民学習ネットワーク事業運営細則

(趣旨)
第1条　むなかた市民学習ネットワーク規約(以下「規約」という)第36条の規定に基づく市民学習ネットワーク事業の施行については、この細則の定めるところによる。

(学習項目)

第2条　領域別の学習項目は次の各号に掲げる基準で選定し、当面別表1（p.118）のとおりとする。
(1)既存の団体の活動を助長することはあっても、特に阻害するおそれのないもの。
(2)学習の需要があると考えられるもの。
(3)有志指導者確保の見通しがあるもの。
(4)活動のための会場確保ができるもの。
(5)自学自習の比較的困難なもの。
(6)著しくトラブルや危険が予想されないもの。

（有志指導者の登録）
第3条　1　規約第21条に基づく有志指導者の登録有効期限は、2年とする。
2　むなかた市民学習ネットワーク運営委員会（以下「運営委員会」という）は、登録した有志指導者に対し認定を証する証書及び携帯用カードを交付する。
3　運営委員会は、有志指導者の指導の領域、希望等を記載した登録カード及び有志指導者リストを備えるとともに毎年異動に伴う修正等を行う。
4　有志指導者は、辞任を希望する場合、やむを得ない場合を除き1月前までに運営委員会会長に辞任届を提出しなければならない。

（有志指導者の登録更新）
第４条　有志指導者は、２年ごとに登録更新のための講習を受講し、所定の更新届により登録更新の手続きをするものとする。

（認定講習）
第５条　規約第22条に基づく認定講習は、有志指導者の資格取得及び有志指導者の登録講習を目的として行う。
２　認定講習の講習項目は、その都度運営委員会が定める。
３　登録更新の認定講習を受けなかった場合は、運営委員会が別に指定する講習を受けることで、認定講習に代えることができる。
４　運営委員会は、特に登録資格条件を備える者と認めた場合に限り、認定講習を免除することができる。

（指導の停止）
第６条　運営委員会は、有志指導者に対する学習者の評価が極めて低いとき、又は指導者が学習者に不利益をもたらしたときなど学習の継続に支障があると認めるときは、有志指導者の指導を停止することができる。

（有志指導者の登録抹消）

第７条　運営委員会は、有志指導者に次の各号のいずれかに該当する事由が発生するなど真にやむを得ないと認めるときは、有志指導者の登録を抹消することができる。

(1)学習活動を、政治的若しくは宗教的又は営利的活動を目的として利用したとき。

(2)公序良俗に反したとき。

(3)理由なく指導を放棄したとき。

(4)２度以上指導停止をうけたとき。

(5)理由なく更新を怠ったとき。

(6)学習者から収集したデータを私的に利用し、個人プライバシーを侵害したとき。

(7)５年以上開級がないとき、または学級を公募する意志がなく、かつ３年以上開級がないとき。

（有志指導者連絡会議）

第８条　運営委員会は、有志指導者連絡会議を定例若しくは随時に開催し、学習活動の情報交換及び指導者相互の連携を図るものとする。

（費用弁償）

第9条　1　有志指導者の活動に対しては、左記のとおり支弁する。

2　有志指導者は、むなかた市民学習ネットワーク事務局（以下「事務局」という）に指導報告書を提出し、活動回数に応じた費用弁償を請求するものとする。

3　事務局は、前項の請求に応じ、速やかに支出の手続きをしなければならない。

（有志指導者助手）

第10条　1　有志指導者は、学習指導に際し、学級生の人数、学習指導の内容等で助手を必要とするときは、運営委員会の許可を得て、助手をつけることができる。

2　有志指導者は、前項の場合において助手をつけたときは、事務局に助手の指導報告書を提出し活動回数に応じた費用弁償を請求することができる。

3　事務局は前項の請求に応じ、速やかに支出の手続きをしなければならない。

4　費用弁償は有志指導者の指導回数に準じ、1回2000円とする。

（学級）

第11条　1　規約第25条に規定する学級の最少定員は6人とし、定員に満たない場合は成立しないものとする。
2　学級に学級長、会計、会場係などを置き、学級生が互選する。
3　1回当たりの学習時間は、概ね2時間を基準とする。
4　小・中・高校生を対象にした学級は、原則として土曜日、日曜日、祝祭日又は学校の長期休業中に開くものとし、小・中学生で構成する学級については、学級及び会計等を管理する2人以上の保護者等を置くものとする。
5　18歳未満の学級生については、保護者が学習申込書を提出するものとする。

（学習者の制限）

第12条　運営委員会は、学習者が次の各号のいずれかに該当する事由が発生するなど真にやむを得ないと認めるときは、学習者をやめさせることができる。

⑴指導者や学習者に迷惑がかかる言動、行為が認められるとき。

⑵学級内での私的な物品販売、金品の徴収などが行われたとき。

⑶学級内での宗教的活動・政治的活動及び選挙活動が行われたとき。

⑷学習料の納付が行われないとき。

⑸教室の秩序を乱し、又は教室の妨害となるような行為をしたとき。

(6)その他運営委員会が必要と認めたとき。

（学級の組織化）

第13条　事務局は、6人以上の学習グループ（以下「学級」という）を市民が自主的につくり、内容、日時、会場等を決定したあと、指導者の派遣要請があったものについて登録者の中から有志指導者を紹介し、学習者と指導者の交渉に供するものとする。ただし、当分の間は、グループ化が困難であるとの観点から、事務局が学習内容、会場、日時等を決定し、公募することによって6人以上の学級を組織する方法を併用する。

（有志指導者の派遣申請又は学習申し込み）

第14条　6人以上の学習グループを編成し、内容、日時、会場等を決定確保しているグループは事務局に申し込み、有志指導者の派遣を受けるものとし、事務局の公募に応じて学習申し込みをする個人にあっては、ＦＡＸ又は葉書で学習項目、有志指導者名、住所、氏名、年齢及び電話番号を書いて事務局あて申し込むものとする。

（開級時のオリエンテーション）

第15条　1　有志指導者は、開級に際し学級生心得を配布し、市民学習ネットワーク事業の意義を説明するとともに学級長、会計、会場係等の互選を指導助言するものとする。

2　学習活動に必要な教材の準備は、原則として有志指導者が行う。

（学習料）

第16条　1　学習者は、特別な場合を除き、1回2時間を基準とする学習料400円を納入しなければならない。

2　学習者は、次に掲げる回数分を前納しなければならない。

①連続4回以下の学級についてはその金額を第1回目に前納する。

②連続4回を超える学級については4回を単位として、その初回に当該回数分を前納する。

3　学級の会計は、前納される学習料を集金し、所定の納付書によりむなかた市民学習ネットワーク（以下「団体」という）の指定口座へ速やかに振り込むものとする。

4　前納された学習料は、返金しないものとする。

（その他の経費）

第17条　学級運営に必要な学習料以外の会場使用料、原材料費等は、学習者が負担するものとする。

（学習料の減免）
第18条　規約第27条第3項に規定する学習料の減免は、次の各号に掲げるところによる。
(1)人権教育、家庭教育、青少年教育、高齢者教育等の分野で、市及び教育委員会が所管する教育活動の一環として行う学級の学習料は、減免することができる。
(2)市内の小・中学校、機関、団体が有志指導者の派遣を受けて児童、生徒を対象に開く学級及び親子を対象とする学級の学習料は、減免することができる。
(3)前2号に規定する減免額は、定めるとおりとする。
2　前項の規定により減免をうけようとする者は、所定の様式によりこれを申請しなければならない。

（学習場所の確保）
第19条　1　事務局は、あらかじめ了承を得た施設使用料及びその支払い方法等を書いた使用施設一覧表を備え、市民からの照会やあっせん依頼に対応しなければならない。
2　事務局が公募によって開級する学級等にあっては、事務局は開級に先立ち自治公民館等の施設管理者及び学級生等に連絡し、会場使用に係る鍵の開閉等が円滑に行われるよう措置するものとする。

（傷害保険）

第20条 1 学習者は、危険が予想される場合には傷害保険に自ら加入するものとする。
2 有志指導者の傷害保険料は、団体が負担する。

（広報活動）
第21条 市広報紙の一定頁数を活用してコミュニティ学習新聞を原則として月1回発行し、その他広報媒体として一般新聞、ラジオ、テレビ、ポスター、パンフレット、回覧板、報告冊子等、幅広く考慮するものとする。

（表彰）
第22条 規約第31条の規定に基づく表彰は、次の各号の一つに該当すると認められる者に対し、これを行う。
(1)2年以上にわたって定期的、継続的に指導を行った有志指導者で、学習者の評価が極めて高い者。
(2)市民の学習グループの拡大や発展に大きな功績が認められる者。
(3)新しい学習その他の活動を紹介し、その定着に功績が認められる者。
(4)公共性の高い活動の指導を通じて、地域福祉の推進に功績が認められる者。
(5)前各号に類する者で、運営委員会が表彰に値すると認めた者。

（庶務）

第23条　1　事業運営に必要な各種帳票、資料の作成、修正、保存及び会計並びに会議運営に関する事務等の庶務は、事務局が行う。

2　市民学習ネットワーク事業の運営上生じた余剰金は、当該事業の推進に充てるものとする。

（雑則）

第24条　この細則に定めのない事項については、運営委員会において協議して決する。

附則

この細則は、平成13年6月10日から施行する。

この細則は、平成17年6月5日から施行する。

この細則は、平成20年6月21日から施行する。

この細則は、平成21年5月30日から施行する。

この細則は、平成22年7月28日から施行する。

（別表1）　運営細則第2条関係

（3）発掘する学習項目　別表1（次ページ）

A.　趣味・おけいこごと

1．魚釣り
①　磯釣り
②　川釣り
③　魚　拓
2．自然観察
①　薬草識別
②　バードウォッチング
③　きのこ識別
④　昆虫観察
⑤　植物観察
⑥　その他
3．将　棋
4．囲　碁
5．奇術・手品
6．書　道
①　仮　名
②　漢　字
③　篆　刻
④　その他
7．ペン習字
8．写　真
①　撮　影
②　ＤＰＥ
9．絵　画
①　切り絵
②　はり絵
③　ちぎり絵
④　水彩画
⑤　油　絵
⑥　水墨画
⑦　版　画
⑧　その他
10．工　芸
①　ガラス
②　七　宝
③　紙
④　レザークラフト
⑤　木彫り
⑥　ろうけつ染め
⑦　帆船模型作り
⑧　その他
11．彫　刻
①　木　彫
②　石　彫
③　金　彫
12．手　芸
①　編み物
②　組み紐
③　刺しゅう
④　パッチワーク
⑤　ペーパーフラワー
⑥　その他
13．ギター
14．詩　吟
15．謡　曲
16．民　謡
17．イラスト・レタリング
18．ハム（無線）
19．尺　八
20．琴
①　大正琴
21．華　道
22．舞　踊
23．三味線
24．コーラス
25．ハーモニカ
26．リコーダー合奏
27．茶　道
28．その他

B.　家庭生活・日常生活

1．日本料理
①　正月料理
②　精進料理
③　鍋料理
④　山菜料理
⑤　魚料理
⑥　寿　司
⑦　会席料理
⑧　その他
2．中華料理
3．西洋料理
①　フランス料理
②　イタリア料理
③　肉料理
④　魚料理
⑤　その他
4．お惣菜、加工品
①　お弁当
②　酒のつまみ
③　冷凍食品の利用法
④　その他
5．お国自慢郷土料理
6．みそ作り
7．漬物作り
8．果実酒
9．パン作り
10．お菓子作り
①　和菓子
②　洋菓子
③　ケーキ
④　ジャム
⑤　クッキー
⑥　その他
11．和　裁
12．洋　裁
13．縫い物・リフォーム
14．日曜大工
①　用具の使い方、手入れ
②　障子、ふすまの張り替え
③　棚などの修理
④　その他
15．住まい、家庭用品の手入れ
①　電気器具の手入れ
②　冷暖房具の手入れ
③　その他
16．ＶＴＲ撮影
17．盆　栽
①　園芸と盆栽
18．花作り
①　菊作り
②　蘭作り
③　観葉植物
④　その他
19．野菜作り
20．庭の手入れ
21．海外生活のオリエンテーション
22．着付け
23．ペットの飼育
24．パソコン
25．アロマテラピー
26．その他

C. スポーツ・レクリエーション	D. 教 養		E. 伝承文化
1. ジョギング	1. 食品添加物	① クラシック	1. わら、竹細工
2. 卓 球	① 食品衛生	② ポピュラー	① しめなわ作り
3. 体操、ダンス	2. 栄養の知識	12. 映画鑑賞	② かご作り
① ヨ ガ	① 肥満及び成人病	13. 社会保障の	③ わらじ作り
② 社交ダンス	の予防食事	基礎知識	④ 竹とんぼ作り
③ エアロビクス	② 老人のための食事	① 社会福祉制度	⑤ 竹馬作り
④ ジャズダンス	③ 病人のための食事	② 福祉論	⑥ 凧作り
⑤ フォークダンス	④ 育児食の与え方	③ 年金、保険	⑦ その他
⑥ 健康体操	⑤ その他	④ ボランティア活動	2. 郷土芸能
⑦ 気 功	3. 外国語入門	14. 歴 史	① 許斐太鼓
⑧ その他	① 英 語	① 東洋史	② 神 楽
4. キャンプ	② 韓国語	② 西洋史	③ その他
5. 室内レクリ	③ 中国語	③ 日本史	3. 伝承遊び
エーション	④ ロシア語	15. 時事問題	① お手玉
① ゲーム	⑤ フランス語	① 最近の経済情勢	② おはじき
② ペーパークラフト	⑥ スペイン語	② 最近の国際情勢	③ まりつき
③ つどい	⑦ ドイツ語	③ 最近の社会情勢	④ かるた
（キャンドル	⑧ その他	16. 健康管理	⑤ 数えうた
セレモニー）	4. 英会話入門	① 家庭保健	⑥ 折り紙
④ ソング	5. 実用英語	17. 天体観測	⑦ 折り雛
6. インディアカ	① 英字新聞速読	18. 編 集	⑧ その他
7. フリーテニス	② 実用英会話	① 広報紙作り	4. 郷土の文化
8. バウンドテニス	（商業・観光）	19. 手 話	① 民 話
9. バドミントン	③ 英会話	20. 点 字	② 古文書解読
10. ゲートボール	6. 短 歌	21. 童 話	③ 郷土史
11. グラウンドゴルフ	7. 俳 句	22. 随 筆	④ その他
12. 太極拳	8. 川 柳	23. その他	
13. 古伝空手	9. 日本文学鑑賞		
14. その他	① 古典		
	② 現代		
	10. 美術鑑賞		
	11. 音楽鑑賞		

発掘する学習項目（別表１）

（4）有志指導者心得

――市民の相互学習をすすめるために――

市民学習ネットワーク事業で有志指導者となられたみなさん、いよいよ学習活動を始めるに当たって、市民の相互学習をすすめるためにもう一度、次のことを確認しましょう。

1　市民学習ネットワーク事業でめざすのは、〝コーヒー一杯で学習を〟を合い言葉に、市民のみなさんが相互に教え合い、学び合って、交流のある「むなかた学びの里」をつくることです。

2　学級の開催に当たって

(1)学級生に、「市民学習ネットワーク事業」の意義を説明します。

(2)学級生が学級長、会計係、会場係などを決めることになっていますが、決まっていなかったら決めるように言ってください。そして会計係に、学習料の振り込み用紙（納付書）を渡してください。

(3)小・中学生で構成する学級については、学級及び会計等を管理する2人以上の保護者等が必要です。

(4)学級生が18歳未満の場合は、保護者の同意書が必要です。
(5)1回の学習時間は、2時間を基準としてください。

3　学習の指導に当たって

(1)どんな学習のすすめ方にするかは学級生とよく話し合い、お互いに満足のいくような方法を決めてください。
(2)学級生の意見をよく聞いてください。
(3)材料が必要なときは、学級生と話し合って、学級生が購入するもの、各自で持ちよるもの、あるいは指導者が一括して購入するものなどを決めてください。材料費は自己負担となっています。

4　事故・トラブルについて

(1)まず、そのようなことがないよう、くれぐれも気をつけましょう。
(2)あなたの傷害保険については、「むなかた市民学習ネットワーク」が保険に加入しています。
(3)学級生の事故について危険が予想される場合には、学級生自身で保険に加入していただくようにすすめてください。
(4)指導上のトラブルは、できるだけ学級生と話し合って解決してください。自主運営が原則となっています。どうしても解決できないときやわからないときは、事務局にお尋ねください。

5　有志指導者連絡会議について

年に数回、「有志指導者連絡会議」が開催されます。これは、指導者のみなさんが集まって、学習活動の報告をしたり、情報交換を行なったりするものです。

6　指導報告書について

4カ月ごとに事務局が指導報告書の提出を依頼しますので、速やかに提出してください。指導報告書に基づき、交通費費用弁償として1回につき2500円（又は3500円）を、有志指導者の指定口座（宗像農協各支店）に振り込みます。

（5）学級生心得——学級運営のしかた

学級に参加されたみなさん、この学級を楽しく続けていくために、学級を始める前に一緒にお読みください。

「市民学習ネットワーク事業」とは

学級の有志指導者からこの事業の意義や仕組みについて説明を聞き、良く理解しておきましょう。

「有志指導者」とは

有志指導者とは市民学習ネットワークを支えている人で、自分の知識や特技をボランティアで教えたり、伝えたりしてくれる人です。

「役割を決める」

学級ごとに学級長、会計係、会場係など必要な役割を決めておきましょう。学級長は全体のまとめを、会計係は学習料の納入やその他経費についての世話を、会場係は会場の確保や手続きを行ないます。

「学級の人数」

学級は６人以上でなければなりません。５人以下となった時は、残念ですが、閉級していただくことになります。ただし、学習料前納分については、その回数までは継続します。

「学習時間」

１回の学習時間は2時間を基準とします。人数や内容によっては、十分に学習ができない場合も考えられます。有志指導者と相談して分級するなど工夫してください。ただし、この場合も1学級6人以上でなければなりません。

「学習料」

学習料は一人1回400円、4回分前納になっています。会計係が集めて、近くの農協で指定口座に振り込んでください。振り込み用紙（納付書）は、有志指導者または事務局からお受け取りください。前納された学習料については、返金いたしません。また、学習内容によっては、学習料が減免される場合があります。

「教材費と会場費」

教材費や会場費は、全てみなさんの負担となります。会計係が集めて清算してください。

「閉級の届け」

学級長は予定の学級が終了したとき、途中で解散したときなど、理由の如何を問わず、学級が閉級した場合は、必ず事務局に届けてください。電話で結構です。

「傷害保険の加入等」

学習の種目によっては、事故の心配もあります。みなさんそれぞれに傷害保険への加入をお勧めします。事故については、むなかた市民学習ネットワークは責任を負いません。

「学習申込書（兼同意書）」

18歳未満の学習者は、保護者の同意を得た学習申込書を提出してください。

「その他の約束事」

学級の開始及び終了時刻を厳守しましょう。

休みや遅刻またはやめたいときは、学級長に連絡しましょう（退級の場合、学級長は速やかに事務局に連絡してください。連絡されるまで学習料が必要です）。

会場の後片付け、清掃はきちんとしましょう。

備品や施設は大切に扱いましょう。万一、破した場合は、管理人等に届けてその指示にしたがってください。

原則として、在籍中は欠席しても学習料を納入してください。

＊学級内での政治的・宗教的及び営業活動などの迷惑のかかる言動、行為などはご遠慮願います。

（6）平成25年度までの事業推移（※）

（※むなかた市民学習ネットワーク30周年記念誌p.18）

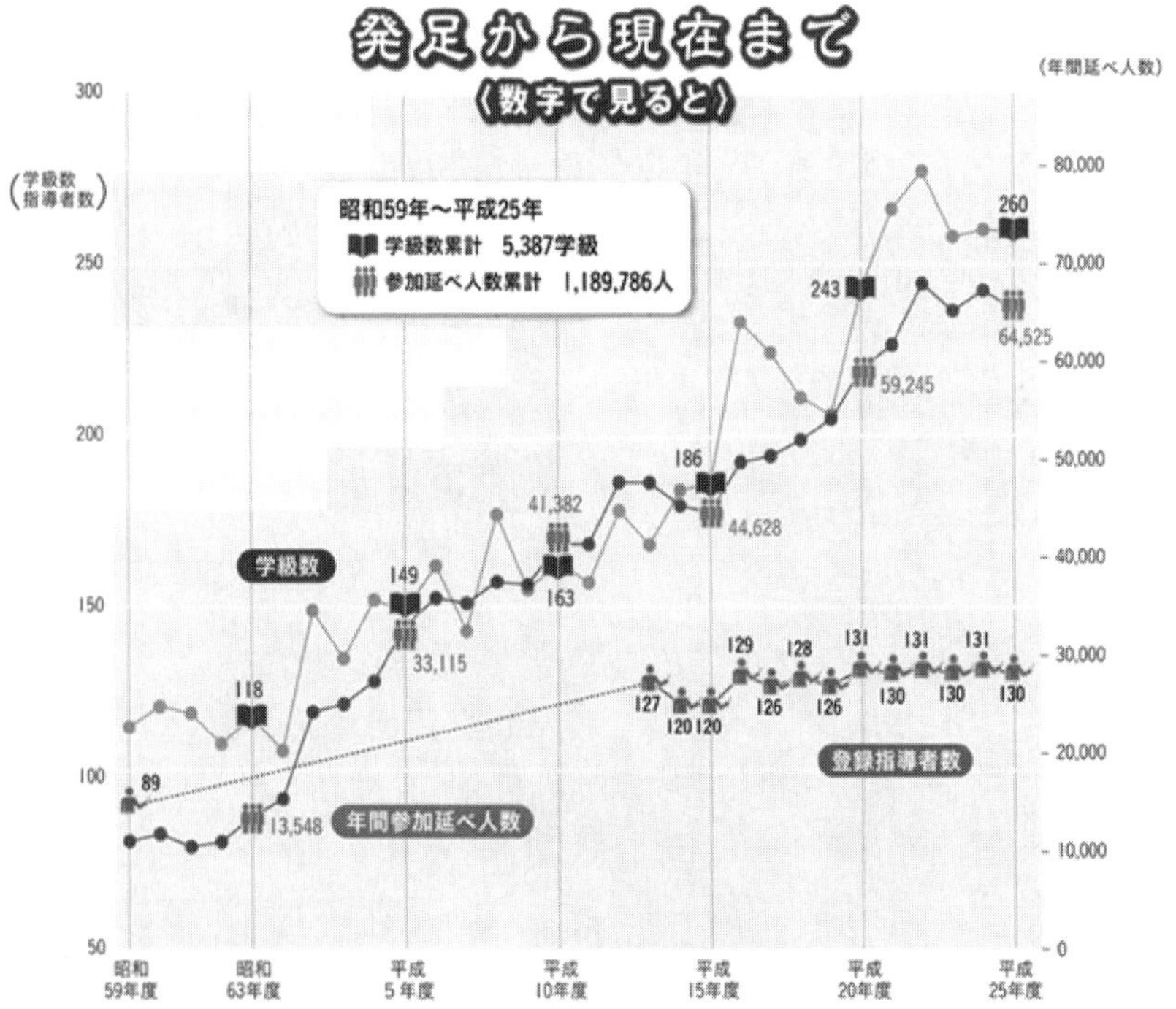

あとがき——老後の支え

1　退職後の「空白」を埋めてくれました

定年は「自由の刑」の始まりです。何をするのも自由ですが、充実・満足を見出すのは「自己責任」です。その「責任」の重さに耐えられないので、「自由」は「刑罰」に転化します。社会から離れた自由は、「普通人の耐えられるところではない」、と哲学者サルトルは言っています。

筆者も定年後の自由の刑で、「うつ」の半歩手前までいきました。「自由の刑」の「空白」を埋めてくれたのが、指導を志願した英語の授業でした。妻が先立ち、子どもたちが巣立った今、一人暮らしの伴走をしてくれるのは英語の生徒さんたちです。もしかすると死に水を取ってくれるのも生徒さんになるかもしれないと思っています。

2　英語指導は、新しい縁をくれました

薄れゆく「地縁・血縁・結社の縁」を補ってくれたのが、学習ネットワークの「学びの縁」です。お陰さまで一人暮らしの高齢者になっても、日々の対話や交流を失わず、世間から孤立せずに生きることができました。30数年が過ぎて、今や高齢となった多くの指導者・学習者のみなさんも同じような感慨をもたれているのではないでしょうか！

3　何にもましての「ボケ防止」

「廃用症候群」は高齢社会の最大の危険要因です。人間の不思議ですが、老齢とともに、使わない心身は一気に衰えが加速します。週2回の英語指導は、ひとりぼっちの爺さんに適度の「負荷」と「暮らしのリズム」を整えてくれまし

た。健康に生きられたのは、毎週の学級があったからだといっても過言ではありません。

「市民学習ネットワーク事業」は、生き甲斐もやり甲斐も支えてくれました。何にもまして、怠けず、惚けずに今日まで暮らし、お陰で晩学の仕事も進みました。

著者紹介

三浦清一郎（みうら・せいいちろう）

三浦清一郎事務所所長（生涯学習・社会システム研究者）
米国西ヴァージニア大学助教授、国立社会教育研修所、文部省を経て福岡教育大学教授、この間フルブライト交換教授としてシラキューズ大学、北カロライナ州立大学客員教授。
平成３年福原学園常務理事、九州共立大学・九州女子大学副学長。
その後、生涯学習・社会システム研究者として自治体・学校などの顧問を務めるかたわら月刊生涯学習通信「風の便り」編集長として教育・社会評論を展開している。最近の著書に『明日の学童保育』、『「心の危機」の処方箋』、『国際結婚の社会学』、『教育小咄～笑って許して～』、『詩歌自分史のすすめ』、『「消滅自治体」は都会の子が救う』、『隠居文化と戦え』、『戦う終活～短歌で啖呵～』、『子育て・孫育ての忘れ物』、『不登校を直す　ひきこもりを救う』、『老いてひとりを生き抜く！』（いずれも日本地域社会研究所刊）がある。福岡県生涯学習推進会議座長、福岡県社会教育委員の会議座長、中国・四国・九州地区生涯学習実践研究交流会代表世話人などを歴任。

「学《まな》びの縁《えん》」によるコミュニティの創造《そうぞう》

2018年3月10日　第1刷発行

著　者　三浦清一郎《みうらせいいちろう》

発行者　落合英秋
発行所　株式会社 日本地域社会研究所
〒167-0043　東京都杉並区上荻1-25-1
TEL　(03)5397-1231(代表)
FAX　(03)5397-1237
メールアドレス　tps@n-chiken.com
ホームページ　http://www.n-chiken.com
郵便振替口座　00150-1-41143
印刷所　モリモト印刷株式会社

ISBN978-4-89022-212-4

日本地域社会研究所の好評図書

スマート経営のすすめ　ベンチャー精神とイノベーションで生き抜く！

野澤宗二郎著…変化とスピードの時代に、これまでのビジネススタイルでは適応できない。成功と失敗のパターンに学び、厳しい市場経済の荒波の中で生き抜くための戦略的経営術を説く！

46判207頁／1630円

みんなのミュージアム　人が集まる博物館・図書館をつくろう

塚原正彦著…未来を拓く知は、時空を超えた夢が集まった博物館と図書館から誕生している。ダーウィン、マルクスという知の巨人を育んだミュージアムの視点から未来のためのプロジェクトを構想した著者渾身の1冊。

46判249頁／1852円

文字絵本　ひらがないろは　普及版

東京学芸大学文字絵本研究会編…文字と色が学べる楽しい絵本！　幼児・小学生向き。親や教師、芸術を学ぶ人、帰国子女、日本文化に興味がある外国人などのための本。

A4変型判上製54頁／1800円

ニッポン創生！　まち・ひと・しごと創りの総合戦略　～一億総活躍社会を切り拓く～

新井信裕著…経済の担い手である地域人財と中小企業の健全な育成を図り、逆境に耐え、復元力・耐久力のあるレジリエンスコミュニティをつくるために、政界・官公界・労働界・産業界への提言書。

46判384頁／2700円

戦う終活　～短歌で啖呵～

三浦清一郎著…老いは戦いである。戦いは残念ながら「負けいくさ」になるだろうが、終活短歌が意味不明の八つ当たりにならないように、晩年の主張や小さな感想を付加した著者会心の1冊！

46判122頁／1360円

レジリエンス経営のすすめ　～現代を生き抜く、強くしなやかな企業のあり方～

松田元著…キーワードは「ぶれない軸」と「柔軟性」。管理する経営から脱却し、自主性と柔軟な対応力をもつ〝レジリエンス＝強くしなやかな〟企業であるために必要なことは何か。真の「レジリエンス経営」をわかりやすく解説した話題の書！

A5判213頁／2100円

日本地域社会研究所の好評図書

隠居文化と戦え
社会から離れず、楽をせず、健康寿命を延ばし、最後まで生き抜く
三浦清一郎著…人間は自然、教育は手入れ。子供は開墾前の田畑、退職者は休耕田。手入れを怠れば身体はガタガタ、精神はボケる。隠居文化が「社会参画」と「生涯現役」の妨げになっていることを厳しく指摘。

46判125頁／1360円

コミュニティ学のススメ
ところ定まればこころ定まる
濱口晴彦編著…あなたは一人ではない。人と人がつながって、助け合い支え合う絆で結ばれたコミュニティがある。地域共同体・自治体経営のバイブルともいえる啓発の書！

46判339頁／1852円

癒しの木龍神様と愛のふるさと
～未来の子どもたちへ～
ごとむく・文／いわぶちゆい・絵…大地に根を張り大きく伸びていく木々、咲き誇る花々、そこには妖精（フェアリー）たちがいる。「自然と共に生きること」がこの絵本で伝えたいメッセージである。薄墨桜に平和への祈りを込めて、未来の子どもたちに贈る絵本！

B5判上製40頁／1600円

現代俳優教育論
～教わらない俳優たち～
北村麻菜著…俳優に教育は必要か。小劇場に立つ若者たちは演技指導を重視し、「教育不要」と主張する。俳優教育機関が乱立する中で、真に求められる教えとは何か。取材をもとに、演劇という芸術を担う人材をいかに育てるべきかを解き明かす。

46判180頁／1528円

発明！ ヒット商品の開発
アイデアに恋をして億万長者になろう！
中本繁実著…アイデアひとつで誰でも稼げる。「頭」を使って「脳」を目覚めさせ、ロイヤリティー（特許実施料）で儲ける。得意な分野を活かして、地方創生・地域活性化を成功させよう！　1億総発明家時代へ向けての指南書。

46判288頁／2100円

観光立村！ 丹波山通行手形
都会人が山村の未来を切り拓く
炭焼三太郎・鈴木克也著…丹波山（たばやま）は山梨県の東北部に位置する山村である。本書は丹波山を訪れる人のガイドブックとすると同時に、丹波山の過去・現在・未来を総合的に考え、具体的な問題提起もあわせて収録。

46判159頁／1300円

日本地域社会研究所の好評図書